船舶减振支架结构的振动疲劳

李良碧　谷晓梅　孙少龙　著

哈尔滨工业大学出版社

内 容 简 介

　　船舶在航行过程中,其结构会承受多种形式的振动载荷,船舶极易因结构发生疲劳断裂而突发事故。船舶减振支架是一种具有优良减振性能的隔振装置,能够有效防止支架上部柴油机和齿轮箱设备在使用过程中因振动损伤船体。因此,为保证船舶减振支架的使用寿命及其安全性和可靠性,对支架进行振动疲劳分析与性能评估尤为重要。本书研究结果在延长船舶减振支架寿命方面具有一定的工程实用价值。

　　本书以船舶减振支架结构为研究对象,基于功率谱密度法和振动疲劳寿命分析基本理论,采用数值模拟的方法对支架进行了振动疲劳分析,讨论了支架结构、支架参数和焊接残余应力等对振动疲劳寿命的影响,同时对船舶减振支架结构的关键部位进行了改进,并初步提出了考虑焊接残余应力影响后船舶减振支架结构的振动疲劳寿命公式。

　　本书读者对象为高等院校的学生及科研院所、相关企事业单位的技术人员。

图书在版编目(CIP)数据

船舶减振支架结构的振动疲劳/李良碧,谷晓梅,孙少龙著. —哈尔滨:哈尔滨工业大学出版社,2024.12. —ISBN 978-7-5767-1930-7

Ⅰ.U661.44

中国国家版本馆 CIP 数据核字第 20256GR067 号

策划编辑	薛　力
责任编辑	谢晓彤
封面设计	刘　乐
出版发行	哈尔滨工业大学出版社
社　　址	哈尔滨市南岗区复华四道街 10 号　邮编 150006
传　　真	0451-86414749
网　　址	http://hitpress.hit.edu.cn
印　　刷	哈尔滨市颉升高印刷有限公司
开　　本	787 mm×960 mm　1/16　印张 5.75　字数 100 千字
版　　次	2024 年 12 月第 1 版　2024 年 12 月第 1 次印刷
书　　号	ISBN 978-7-5767-1930-7
定　　价	58.00 元

(如因印装质量问题影响阅读,我社负责调换)

前　　言

　　船舶在航行过程中，其结构会承受多种形式的振动载荷，船舶极易因结构发生疲劳断裂而突发事故。船舶减振支架是一种具有优良减振性能的隔振装置，能够有效防止支架上部柴油机和齿轮箱设备在使用过程中因振动损伤船体。因此，为保证船舶减振支架的使用寿命及其安全性和可靠性，对支架进行振动疲劳分析与性能评估尤为重要。本书以船舶减振支架结构为研究对象，基于功率谱密度法和振动疲劳寿命分析基本理论，采用数值模拟的方法对支架进行了振动疲劳分析，讨论了支架结构、支架参数和焊接残余应力等对振动疲劳寿命的影响，同时对船舶减振支架结构的关键部位进行了改进，并初步提出了考虑焊接残余应力影响后船舶减振支架结构的振动疲劳寿命公式。本书研究结果在延长船舶减振支架寿命方面具有一定的工程实用价值。

　　本书的撰写结合了作者多年船舶振动和振动疲劳寿命的研究经验，同时也参阅了大量中外文献和科研成果。本书的研究内容得到江苏科技大学王国治教授、上海船用柴油机研究所王文杰高级工程师的指导和帮助，研究生于鹏飞、王凌云和姚苏洋等协助整理书稿，作者谨向支持本书出版的所有单位和个人表示诚挚的谢意。

　　由于作者水平有限，书中疏漏和不当之处在所难免，恳请读者提出宝贵意见。

李良碧

2024 年 10 月

于江苏科技大学

目 录

第 1 章　绪论 ··· 1
　1.1　课题的研究背景与意义 ·· 1
　1.2　课题国内外研究进展 ··· 2

第 2 章　振动疲劳理论基础 ··· 10
　2.1　高周疲劳和低周疲劳 ··· 10
　2.2　疲劳寿命分析基本理论与方法 ································· 10
　2.3　随机加载条件下的振动疲劳计算 ······························ 15
　2.4　基于窄带信号和宽带信号的疲劳分析 ······················· 18
　2.5　随机振动载荷下的寿命估算 ···································· 21
　2.6　本章小结 ·· 22

第 3 章　支架结构的动态响应分析 ····································· 23
　3.1　建立整体结构有限元模型 ······································· 23
　3.2　支架结构的振动模态分析 ······································· 26
　3.3　支架结构激励载荷的模拟 ······································· 27
　3.4　支架结构的振动响应分析 ······································· 31
　3.5　本章小结 ·· 33

第 4 章　支架结构的振动疲劳分析与影响因素探讨 ··············· 34
　4.1　支架结构的振动疲劳分析 ······································· 34
　4.2　支架参数对振动疲劳寿命的影响 ······························ 35
　4.3　焊接残余应力对振动疲劳寿命的影响 ······················· 40
　4.4　刚度对振动疲劳寿命的影响 ···································· 44
　4.5　本章小结 ·· 52

第 5 章　支架结构设计改进方案 ·· 54
　5.1　改进方案 ·· 54
　5.2　支架表面开孔(原始结构)(Ⅰ) ································· 54

5.3 支架表面不开孔（改进结构）(Ⅱ) ………………………………… 65
   5.4 支架改进方案Ⅱ的改进设计 …………………………………………… 69
   5.5 本章小结 ………………………………………………………………… 75
第 6 章　总结与展望 …………………………………………………………… 77
   6.1 本书主要工作及相关结论 ……………………………………………… 77
   6.2 研究展望 ………………………………………………………………… 78
参考文献 ………………………………………………………………………… 79

第 1 章 绪 论

1.1 课题的研究背景与意义

随着现代工业水平的不断提高,很多机器装备正朝着高速、高温及高压的方向发展,由此造成工程结构失效的因素也随之增多。振动是多数工程结构服役过程中必须承受的载荷,是机械或结构系统在其平衡位置附近的往复运动,是物质运动的普遍形式之一。很多情况下,振动容易被人忽略,但由此造成的失效或事故却很多,主要表现为:仪器设备的工作失灵问题、人员的工效性降低和健康损失问题、结构的振动强度过大问题、复杂设备系统的振动可靠性降低问题、由振动产生的噪声和环境污染问题等[1]。

工程结构在服役过程中,受外界激励的作用经常产生振动和疲劳问题,两者之间相互关联,使结构失效机理变得十分复杂。一般来说,凡在振动环境中运行的工程结构都把抗疲劳作为结构设计的重要准则。但是在结构抗疲劳设计阶段,以往工程师依旧利用静态疲劳理论,在产品试制完成后再进行振动校核实验,对不符合要求的设计进行局部补救。这种不合理的设计理念为后续发生事故埋下了隐患,比如:汽轮发电机组转子曾因振动引起疲劳断裂;电子设备在运输环境中由于振动疲劳导致设备失灵;架空输电线路由于风振激励导致绝缘子串、导线、金属产生疲劳损伤,甚至发生导线断股;斜拉桥由于斜拉索的剧烈振动导致疲劳损伤[1]。

为了区别于常规疲劳问题,通常将这种由振动所导致的疲劳破坏称为振动疲劳。尤其当振动激励频率等于或接近结构的某一阶或某几阶固有频率时,会诱导结构共振而产生巨大的响应,造成结构共振失效[2]。

船舶减振支架是一种具有优良减振性能的隔振装置,使用减振器将柴油机和齿轮箱等会发生振动行为的设备固定在减振支架上,能够有效防止设备在使用过程中因振动而对船体造成损伤。作为隔振装置,减振支架能够满足减振需求,优点突出,具有成本低、隔振性能强等优良特性,广泛应用于船舶、航空等需要隔振的领域。对于船舶减振支架的工作环境及承载状况而言,支架长时间承受较大的随机载荷以及连续的交变载荷,极易产生疲劳损伤,进而失去使用价值。因此,为保证船舶减振支架的使用寿命及其安全性和可靠性,对船舶减振支架进行准确疲劳分析与性能评估尤为重要。一直以来,国内外工程师与学者对船舶减振支架减振性能的研究颇为重视,但是对船舶减振支架疲劳耐久性能尤其是振动疲劳分析的研究却相对缺乏。所以,研究分析船舶减振支架的内在机理、掌握其疲劳失效的一般规律、在一定程度下预测其使用寿命、尽可能地减少其因提前发生疲劳损伤而造成重大损失等,是相关领域内研究者面临的重要课题和难题。本书为提高船舶减振支架运行的安全性和可靠性提供了相关依据,同时对延长船舶支架寿命等方面具有实践性的指导和参考意义。

1.2　课题国内外研究进展

结构的振动疲劳寿命分析需要理论研究与实验研究相互促进与结合,国内外相关学者进行了大量工作,有限元仿真研究也在同时跟进。

1.2.1　疲劳分析的经典理论研究

1850 年,德国工程师 August Wöler 设计了世界上第一台旋转疲劳试验机,并率先对结构的疲劳现象进行了系统分析,正由于他对疲劳问题的不断探索,才加速了疲劳研究的发展[3]。在其 1871 年发表的论文中,首次提出了有关疲劳 $S-N$ 曲线以及疲劳极限的概念,并得出了疲劳寿命和应力幅呈反相关关系的结论,且当应力幅值低于某一个特定的极限值时,试件不会随着循环次数的增多而发生断裂,即试件达到了持久极限。August Wöler 得到的相关结论为疲劳破坏的经典强度理论奠定了基础。

最初 $S-N$ 曲线只对应于常幅应力循环下的疲劳循环次数,而多数工程结构在工作中承受的都是变幅载荷作用,所以多位学者不断地对疲劳寿命进行探索。Palmgren 在 1924 年研究了滚动轴承的疲劳寿命,并提出了线性累积损伤理论。Miner 在 1945 年通过大量实验对疲劳累积损伤问题进行了研究,并在此基础上,总结了 Palmgren 的研究成果,提出了现在工程中最常用的 Palmgren-Miner 线性累积损伤法则,有效解决了变幅载荷作用下疲劳寿命的计算问题[4]。

20 世纪 50 年代,断裂力学在裂纹尖端应力场强度理论的基础上诞生了。

1963年，Paris[5]在断裂力学的基础上提出了表达裂纹扩展规律的关系式——Paris公式，描述了裂纹增长速率与应力强度因子之间的关系，作为一种研究估算裂纹扩展寿命的新方法，Paris公式有效地应用于疲劳寿命的计算中。Paris发展的"损伤容限设计"，为20世纪疲劳强度设计的研究提供了新的发展方向。之后，Paris公式在多位学者的不断修正下，更为广泛地应用于实际中。

1.2.2 振动疲劳分析的实验研究

在疲劳理论发展渐渐成熟的过程中，工程设备结构的多个振动疲劳实例表明：振动现象和疲劳现象有着密切关系。实验是振动疲劳研究的重要途径，也是科学发展的源泉，工程师们开始通过实验对振动疲劳寿命进行分析[6-9]。振动疲劳实验研究的内容通常分为两个方面：一是通过实验研究结构疲劳寿命与动力学特性的关系[10-12]；二是开拓新的实验方法，利用实验结果发现新问题、提出新理论及证实新理论。

1973年，乔世平[13]发明了振动疲劳试验机的激振装置，该装置可以准确地通过实验对车辆及船舶等结构进行测试，包括测试构件在承受比较大的交变载荷作用下的振动特性及疲劳极限。

1978年，河南柴油机厂的曾广忠[14]发现柴油机在使用过程中叶片经常发生断裂故障。为了解决此问题，提高产品质量，曾广忠通过对叶片详细的调查、实验及分析，发现发生故障的主要原因是叶片黏胶和加工装配存在不当之处，使得叶片在附加的激振力（主要为气流冲击）作用下，产生了脱胶（叶尖过盈减小至零或出现间隙）现象，导致悬臂弯曲疲劳断裂。

1981年，李荫松等[15]认为大幅度降低应力水平能有效地防止粉末热锻钢疲劳断裂，通过实验验证并改制了多冲击实验机的冲锤、夹具和冲击刀口。他们从实验中得出了冲击次数与疲劳裂纹长度关系曲线，以及裂纹源区、扩展区和最后迅速断裂区层次分明的疲劳断口形貌。

1994年，何泽夏[16]对疲劳损伤及破坏与随机振动环境关系进行了综述，分析了宽带随机振动环境下的疲劳理论计算方法与实验方法。

1998年，李春林[17]通过实验研究分析了船体结构钢（2C和903）焊接节点的振动疲劳强度，在分析疲劳实验结果的基础上得到了$\sigma_{99.9}$与已有规范中疲劳许用应力$[\sigma]$之间的关系。同年，康继东等[18]对结构件剩余振动疲劳寿命进行了研究，通过电磁涡流激振实验，研究了平板叶片（TC4材料）受外力作用损伤后的剩余振动疲劳寿命。实验结果表明：撞击能量和几何标度是叶片外物损伤程度的决定性因素，而仅对特定叶片存在不影响疲劳寿命的极限损伤。

2015年，孙刚等[19]通过振动疲劳实验方法研究了温度与修复层振动疲劳寿命的关系，分析了修复层的成分及组织随温度变化的形貌。

2016年，Palmieri等[20]结合理论方法、数值方法和实验方法，研究了非高斯型和非平稳型，并确定当激励为平稳非高斯型时，结构的疲劳寿命未受到显著影响，标准频率计数方法依然适用。然而，对于非平稳型和非高斯型激励共同存在的情况，结构的疲劳寿命受到了显著影响。因此，高斯理论方法存在疑问。

2017年，Fan等[21]提出了一种基于振动测试的玻璃钢振动疲劳研究新方法，同时提出一种基于频响函数的疲劳损伤累积监测方法，深入探讨了振动载荷谱幅值概率分布对疲劳寿命的影响。

1.2.3 振动疲劳分析的理论研究

随着对振动理论和疲劳现象研究的进一步深入，越来越多的学者逐渐使用振动理论来控制振动疲劳。

振动疲劳一般通过时域分析法和频域分析法两种方法来计算。时域分析法计算一般是先获得结构受到外载荷激励下应力随时间的响应曲线，然后结合Miner累积损伤理论对结构进行寿命估计。时域分析法的优点在于准确性高，但为得到精确结果，需要对数据进行循环计算，所以计算速度相对缓慢，这在一定程度上限制了它的使用[22]。频域分析法无须对数据循环利用处理，计算相对简单，且也具有良好的准确性，所以相比之下，频域分析法能够很好地应用在结构随机振动疲劳寿命的预估中。频域分析法计算一般是先通过传递函数获得应力响应在频域内的功率谱密度函数（PSD），然后结合统计原理从功率谱密度函数中获得功率谱函数的各阶谱矩，进而得到循环应力幅值的概率密度函数（PDF），最后结合疲劳破坏模型估算出结构的疲劳寿命[23]。

近三十年，学者们对此有大量的研究。

1995年，Dentsoras等[24]分析了共振条件下激励频率对聚合材料疲劳裂纹扩展寿命的影响。

1998年，Halfpenny[25]指出，在时域载荷信号下，传统疲劳损伤以应力应变的方式确定，虽然这种方法对于周期载荷很可靠，但该方法需要很长的时间记录历程才能完整表达随机载荷过程。因此，需要更为简单的表达方式。相比之下，应力的功率谱密度函数则要比时间记录历程更容易获取。同年，Dietz 等[26-27]通过多体系统法（MBS）、计算机辅助设计（CAD）及有限元法（FEM）对转向构架进行了疲劳寿命预测。

1999 年，Bishop[28]分析了在频域内结构的随机振动疲劳寿命，并使用功率谱密度函数表示疲劳载荷以实现疲劳损伤计算。Bishop 通过分析对比振动疲劳和传统疲劳的差异，使用频域分析法进行振动疲劳计算，发现这种方法能够进一步理解系统并获得完整、真实的结构信息，且频域分析法在掌控疲劳分析过程方面非常有效。同时，他们分析了焊接支架的振动疲劳，验证了功率谱密度法的可行性。

2002 年，张积亭等[29]研究分析了飞机典型构件的振动疲劳寿命。

2005 年，Hanna[30]使用有限元法，在频域内分析了汽车环抱死刹车系统中电子控制单元的振动疲劳寿命。

2006 年，龙梁等[31]使用频域分析法分析了特种越野车焊接结构的振动疲劳，并通过响应功率谱分析得到了应力响应，结合特定材料的应力寿命曲线对车体进行了寿命预测，为预测车辆寿命提供了可靠的方法与步骤。

2008 年，周敏亮等[32]用频域分析法对处于随机振动状态下的飞机焊接结构进行了疲劳分析，提出了一种基于加速度功率谱密度函数的振动疲劳分析方法，该分析方法能够通过随机振动原理得到统计特征参数，并采用有限元仿真计算分析获得结构局部应力响应功率谱密度，最后结合振动疲劳应力与寿命曲线、Miner 线性累积损伤理论两种理论方法对结构进行疲劳寿命评估，为飞机设计和维修提供了可靠技术。同年，王明珠等[33]提出了一种估算结构随机振动疲劳寿命的样本法，通过该样本法能够对在频域内用谱密度描述的宽带随机振动载荷情况进行处理。

2009 年，Aykan 等[34]分析了直升机防御系统分光支架焊接结构的疲劳，基于频域详述了如何获取功率谱密度函数及如何求解传递函数。功率谱密度法在多轴载荷下的振动疲劳分析结果与实验结果一致，具有一定的可行性。同年，孟彩茹等[35]也对焊接构件的疲劳寿命进行了分析，介绍了功率谱密度函数的基本原理以及 Dirlik 经验公式，随后分析了不同带宽随机载荷模型，并通过工程实例，得出功率谱密度法可以很好地适用于估算随机振动载荷下构件的疲劳寿命。

2010 年，刘文光[1]研究了结构共振疲劳实验及裂纹构件的振动疲劳耦合。

2011 年，Yu 等[36]通过时域法研究并分析了电子元器件封装焊点振动疲劳问题,使用雨流计数的方法获取了响应功率谱密度函数,并结合谐波响应分析得到了电子元器件封装焊点的 $S-N$ 曲线,得出的振动疲劳寿命分析结果与实验结果一致。

2013 年,王鹏利等[37]对车桥结构进行了仿真计算,并分析得到了随机振动响应参数,根据三区间法和 Miner 线性累积损伤理论,得出了工程车辆前桥结构的理论疲劳寿命。2013 年,Han 等[38]对汽车进行了振动疲劳分析,考虑了车身内由多点点焊接头累积疲劳损伤引起的频率响应变化。2013 年,罗建召等[39]采用频域分析方法分析了机载雷达焊接振动部件的疲劳寿命,将特征频率作为构件的平均频率,并获得随机振动载荷下的平均循环次数,在此基础上得到了振动疲劳损伤量,同时结合振动疲劳破坏准则,准确地对焊接构件进行了寿命预测。2013 年,Mršnik 等[40]重点比较了汽车业与结构动力学的不同频域方法与典型实验。

2015 年,黄义科等[41]分别采用参数不同的应力响应功率谱和概率密度函数,并基于频域下多参数疲劳失效准则对多轴随机振动疲劳进行了寿命预测,最终得到了一个关于多轴随机疲劳寿命的函数表达式。同年,叶能永等[42]对某高温合金叶片的振动疲劳进行了模拟分析,研究了高温合金叶片表面完整性对振动疲劳性能的影响。

2017 年,杨中梁等[43]、蒋典兵[44]、张航[45]、Han 等[46]学者使用理论方法对不同领域一系列的振动疲劳寿命进行了研究。2017 年,李鹏等[47]基于损伤力学理论框架,针对飞机典型加筋壁板结构进行了振动疲劳损伤过程数值模拟和分析。

1.2.4 影响结构振动疲劳强度的重要因素

结构在持续不断地承受交变应力载荷时,其寿命也受到了影响。结构的疲劳寿命除了与结构的材料性能密切相关外,应力集中、构件尺寸、载荷频率及焊接残余应力等都是影响结构构件疲劳寿命的关键因素[48]。

1. 应力集中的影响

应力集中不可避免地存在于结构或其内部零部件中。因为结构设计经常会出现如槽等不连续变化处,所以极易发生应力集中现象,这些部位从而成为影响结构疲劳寿命的薄弱区,这些薄弱区的存在使得结构或其内部零部件的寿命明显缩短。

2. 构件尺寸的影响

材料疲劳强度一般是通过直径为 7~10 mm 的小试样测定的。由此可知,在强度极限相同的情况下,断面面积大小与疲劳寿命直接相关。尺寸对结构疲劳寿命的影响可总结为两大方面。

(1)金属材料的疲劳寿命随着材料断面面积的增大而减小,即当断面增大时,疲劳寿命会减少,反之亦然,而且这种现象会随着材料强度极限的增加而变化得更加明显[49]。由此可知,结构的疲劳寿命与材料的内在组织有关。

(2)当结构的尺寸变化后,疲劳损伤的概率会随着尺寸的增大而增大,产生裂纹失效的部位可能就会相应变多,最终影响结构的疲劳寿命。

3. 载荷频率的影响

除了应力集中和构件尺寸外,载荷频率也是影响结构疲劳寿命的因素之一[50]。载荷频率对结构疲劳寿命的影响可以归纳为以下两点。

(1)当载荷频率和结构件的固有频率不接近时,载荷频率对疲劳强度的影响程度与作用时间有关,即载荷频率作用于结构的时间越长,影响越大,反之亦然。

(2)当载荷频率和结构件的固有频率相近时,结构会发生共振,由于共振效应,应力幅值相比于非共振时可能会提高不止一个量级,这将导致结构的使用寿命明显缩短。

其中,王锦丽等[51]曾针对悬臂梁结构,研究了加载频率对其振动疲劳特性的影响,发现加载频率对悬臂梁结构振动疲劳寿命有显著影响。

4. 焊接残余应力的影响

在焊接结构件过程中,由于金属受热熔化,结构局部会产生塑性变形,待结构局部焊接处冷却后,周围会产生焊接残余应力。通常焊接残余应力场通过影响应力值来影响结构的疲劳破坏行为,即通过影响平均应力和循环中的最大应力值这两种途径对疲劳破坏行为产生作用[52]。

叶能永等[42]通过对叶片振动疲劳性能进行研究,总结出了焊接残余应力值对叶片振动疲劳性能的影响关系,同时还得到了叶片振动疲劳极限和疲劳寿命均随焊接残余应力的增大而减小的结论,反之亦然,并在文中列出了振动疲劳极限与焊接残余应力之间的关系式,即 $\sigma_{fat}=510.9-0.31-70.93\sigma_{rest}$。

1.2.5 振动疲劳的研究任务

随着科学工业技术的快速发展，各工程领域中不可避免地会遇到结构的振动疲劳失效问题，这些问题亟待深入研究与解决。对结构振动疲劳失效问题的研究工作通常可以分为四方面：影响因素分析、振动疲劳分析、振动疲劳设计和振动疲劳诊断，如图 1.1 所示[1]。

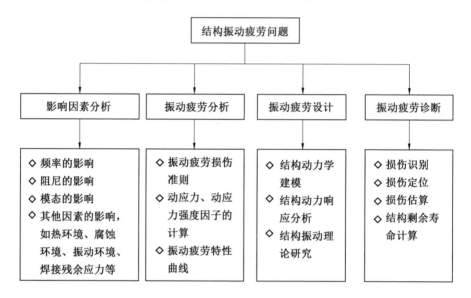

图 1.1 振动疲劳的研究任务

1. 影响因素分析

结合振动原理和振动疲劳力学等理论，研究结构动力学中力学动态变化对振动疲劳的影响，如频率、阻尼和模态等；从微观和宏观动力学的角度，结合振动疲劳实验进行分析，揭示振动疲劳在结构动力学中的本质。

2. 振动疲劳分析

依据结构振动疲劳损伤准则，详细分析结构的动应力和动应力强度因子，测试出振动疲劳特性曲线，分析动态力学特性对振动疲劳损伤的影响。

3. 振动疲劳设计

通过对结构动力学建模、结构动力响应分析及结构振动理论的研究，为延长振动疲劳寿命提供准确、合理的参数和结构设计方案。

4. 振动疲劳诊断

利用振动变化的特性和规律,对结构疲劳裂纹参数进行识别,包括裂纹位置、尺寸及扩展路径等,据此估算结构的剩余寿命。

第 2 章 振动疲劳理论基础

2.1 高周疲劳和低周疲劳

按照结构破坏所需的循环次数,疲劳破坏分为高周疲劳和低周疲劳两种类型。当结构件所受应力载荷远远低于结构材料的屈服极限时,这种疲劳破坏被称为高周疲劳,此时结构的变形主要是由弹性应变引起的弹性变形,疲劳寿命较长,循环次数一般多于 10^5 次[53];当结构件所受应力载荷接近或者高于结构材料的屈服极限时,这种疲劳破坏被称为低周疲劳,此时结构的变形主要是由塑性应变引起的塑性变形,疲劳寿命较短,一般构件在断裂前的循环次数少于 10^5 次。高周疲劳受到应力幅值控制,而低周疲劳则受应变幅控制,所以也常称低周疲劳为应变疲劳,称高周疲劳为应力疲劳。在机械结构中,最常见的是高周疲劳,而低周疲劳则广泛存在于炮筒、压力容器及飞机的起落架等部件[53-54]。出于安全考虑,在设计船舶减振支架时,通常会留有一定的安全系数,设计应力一般要小于材料的屈服极限,构件破坏前经历了较多的循环次数。综上所述,船舶减振支架的疲劳破坏属于振动环境下的高周疲劳破坏。

2.2 疲劳寿命分析基本理论与方法

为了确定船舶减振支架破坏前经历的循环次数,需要对船舶减振支架的疲劳寿命进行预测,找出支架的薄弱环节,从而通过修改结构形式、选取其他更适合的材料或改善加工工艺等方法来延长船舶减振支架的疲劳寿命。本节将对疲劳寿命分析方法和基本理论进行详细介绍。

2.2.1 名义应力法

名义应力法主要是以材料的 $S-N$ 曲线为设计依据,是一种比较传统、常用的抗疲劳设计方法。名义应力法的基本设计参数为名义应力,通过结合疲劳累积损伤理论来计算构件的疲劳寿命。用名义应力法估算疲劳寿命的步骤如图 2.1 所示[55]。

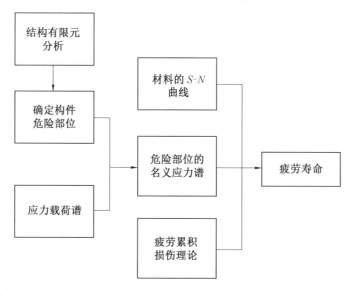

图 2.1　用名义应力法估算疲劳寿命的步骤

相应的分析步骤如下。

（1）构件危险部位的确定。

根据实验测量或有限元仿真计算得到应力应变结果，并结合缺口等部位的应力集中系数、修正系数确定构件的危险部位，还可以参考实例中实际破坏情况及经验等来确定危险部位。

（2）危险部位名义应力谱的确定。

根据仿真计算或实验测量获得疲劳载荷谱，再根据特定的统计规律方法来确定疲劳分析所对应的名义应力谱。

（3）材料 $S-N$ 曲线的建立。

根据疲劳实验得到材料的疲劳特性曲线，也可通过查阅相关文献获得。

（4）正确选取疲劳累积损伤理论，并预测构件的疲劳寿命。

2.2.2　热点应力法

热点应力是指结构应力的最大值或构件危险截面上危险点的应力值。结构应力是根据构件的受力情况，用有限元法或简便的力学公式计算得到的应力值，不考虑焊缝大小与焊缝处缺陷等原因所造成的应力集中[56]。

热点应力与名义应力的差异在于:热点应力考虑了结构的几何形状不连续性,在应力计算时考虑了这种不连续性造成的应力集中。因此,不需要像名义应力法那样将所评估的焊接细节与规范中各标准构造细节相对比来选择合适的 $S-N$ 曲线,因此就能够根据普遍适用的热点应力幅值 $S-N$ 曲线来进行评估[57-59]。并且,热点应力也更便于根据有限元法来计算,这样能有效发挥有限元法在构件应力计算中的强大能力。

2.2.3 材料 $S-N$ 曲线

材料 $S-N$ 曲线描述的是载荷应力 S 与材料结构循环次数 N(即疲劳寿命 N)的关系曲线,是评价和估算疲劳寿命的重要参数之一,也是分析疲劳寿命的基础。

$S-N$ 曲线是通过实验获取试件在不同循环次数下所产生的应力幅值,并对其进行拟合生成的一种疲劳分析曲线。一般 $S-N$ 曲线的纵坐标(σ)为最大应力或应力幅值,可取线性坐标或者对数坐标;$S-N$ 曲线的横坐标为疲劳寿命,通常使用对数坐标($\lg N$)。在双对数坐标中,$S-N$ 曲线的左侧段一般是一条斜线,右侧段则有两种形式:第一种形式属于结构钢和钛合金的典型形式,有明显的水平段;第二种形式是腐蚀疲劳和有色金属的典型形式,是斜率不同的两条线[60]。

在疲劳寿命分析中,通常用最大应力 S_{max}、最小应力 S_{min}、应力幅值 S_a、平均应力 S_m、应力比 R 等参量描述循环载荷,只要知道其中任何两个参数即可求出其余三个参量,它们之间的关系为

$$S_m = \frac{S_{max} + S_{min}}{2}, \quad S_a = \frac{S_{max} - S_{min}}{2}, \quad R = \frac{S_{min}}{S_{max}}$$

$$S_{max} = S_m + S_a, \quad S_{min} = S_m - S_a \quad (2.1)$$

应力比 R 反映了载荷的循环特征,当 $S_{max} = -S_{min}$ 时,$R = -1$,是对称循环载荷;当 $S_{max} = S_{min}$ 时,$R = 1$,是静载荷。

材料的基本 $S-N$ 曲线一般是对大量试样进行疲劳实验,且是在对称循环载荷作用下获得的理想曲线。通常还采用一组试件在给定的应力比下,施加不同应力幅值进行大量疲劳实验,获得相应的疲劳循环次数(即疲劳寿命),从而在同一坐标中描述的曲线。

根据强度理论,通常用于描述 $S-N$ 曲线在高周疲劳区有限寿命范围内的幂函数曲线经验方程如下。

(1) 指数函数式。
$$N \cdot e^{mS} = C \quad (2.2)$$
式中,m 和 C 为材料常数。

对式(2.2)两边取以 10 为底的对数可得
$$\lg N = a + bS \quad (2.3)$$
式中,a 和 b 为材料常数。

式(2.3)表示在疲劳寿命取对数、应力不取对数的坐标系中,$S-N$ 曲线为一条直线。

(2) 幂函数式。
$$\lg N = a + b \lg S \quad (2.4)$$
式中,a 和 b 为材料常数。

对式(2.4)两边取对数可得
$$S^m N = C \quad (2.5)$$
式中,m 和 C 为材料常数。

式(2.5)表示在双对数坐标图上,$S-N$ 曲线为一直线,常数 m 和 C 由疲劳实验确定。

2.2.4 疲劳累积损伤理论

在持续的变幅循环载荷作用下,结构会因为疲劳累积损伤而导致失效破坏。疲劳累积损伤理论认为:作用在构件上的各个应力之间相互独立,当各个应力每次作用在结构上时,载荷都会给结构造成一定的损伤,并且这种损伤是逐渐累积的,当累积的损伤值达到结构损伤临界值时,就会发生破坏。根据疲劳累积损伤规律可知,线性疲劳累积损伤理论主要有两种:单线性疲劳累积损伤理论和双线性疲劳累积损伤理论[61]。这两类线性疲劳累积损伤理论适用范围见表 2.1。

表 2.1 线性疲劳累积损伤理论适用范围

线性疲劳累积损伤理论	适用范围
单线性疲劳累积损伤理论	高周疲劳寿命估算
双线性疲劳累积损伤理论	低周疲劳寿命估算

1. 单线性疲劳累积损伤理论

20 世纪 20 年代,Palmgren 率先提出了线性累积损伤法则的假设。线性疲劳累积损伤理论认为：损伤可以线性叠加，当损伤叠加到一定数值（即损伤值）时，结构件就会发生疲劳破坏。随后，Miner 在 Palmgren 假设的基础上进行公式化，形成了 Miner 准则[62]，Miner 准则是估算疲劳寿命的重要工具。Miner 准则虽然没有对循环次数与加载次序关系进行描述，但仍然是实际工程中应用最多的准则[63]。它认为机械结构的疲劳寿命和它所能吸收的能量密切相关，其公式为[64]

$$\frac{w_i}{W} = \frac{n_i}{N} \tag{2.6}$$

式中，i 指载荷谱由 n 个不同大小应力幅值构成，$i=1,2,3,\cdots,n$；w_i 为第 i 个应力幅值下结构所吸收的能量；n_i 为第 i 个应力幅值下结构的疲劳寿命；W 为结构实际所能吸收的能量；N 为结构实际的破坏疲劳寿命。

所以在循环应力为连续变化的情况下，构件的累积损伤度表达式为[65]

$$D = \int \frac{n_S}{N_S} \mathrm{d}S \tag{2.7}$$

式中，n_S 为应力幅值为 S 时的实际循环数；N_S 为应力幅值为 S 时的破坏循环数；D 为构件的累积损伤度。

破坏准则为 $D=1$。

2. 双线性疲劳累积损伤理论

20 世纪末，Manson 发现利用两个阶段双线性疲劳累积损伤理论可以解释疲劳损伤问题，经过不断研究分析，Manson 最终得到了这两个阶段的寿命计算公式为

$$N_{1i} = N_{fi} \exp(ZN_{fi}^\varphi) \tag{2.8}$$

$$N_{2i} = N_{fi} - N_{1i} \tag{2.9}$$

式中，N_{1i} 为第 i 级载荷下的第一阶段的疲劳寿命；N_{2i} 为第 i 级载荷下的第二阶段的疲劳寿命；N_{fi} 为第 i 级载荷下的等幅疲劳寿命。

其中

$$\varphi = \frac{1}{\ln\left(\frac{N_1}{N_2}\right)} \ln\left\{\frac{\ln\left[0.35\left(\frac{N_1}{N_2}\right)^{0.25}\right]}{\ln\left[1-0.65\left(\frac{N_1}{N_2}\right)^{0.25}\right]}\right\}, \quad Z = \frac{\ln\left[0.35\left(\frac{N_1}{N_2}\right)^{0.25}\right]}{N_1^\varphi} \tag{2.10}$$

式中，N_1 为第一阶段的疲劳寿命；N_2 为第二阶段的疲劳寿命。

3. 非线性疲劳累积损伤理论

(1) 损伤曲线法(DC 法)。

1954 年,Marco 和 Starkey 提出了 DC 法,弥补了 Miner 准则没有描述的不同幅值应力加载顺序与疲劳寿命的关系,并解释了载荷间的干涉效应现象。最终提出了

$$D \propto \left(\frac{n}{N}\right)^a \quad (2.11)$$

式中,a 为大于 1 的常数,应力幅值越高,a 越趋向于 1,反之,a 越大;D 为损伤值;n/N 为循环比。

(2) Corten-Dolan 理论。

1956 年,Corten 和 Dolan 在 Marco 和 Starkey 总结的 DC 法的基础上提出了一个非线性理论。非线性理论表明损伤核数目受到应力幅值的影响,具体表示公式为[66]

$$D = (m \cdot r \cdot n)^a \quad (2.12)$$

式中,a 为常数;m 为损伤核数目;r 为损伤系数;n 为应力循环次数;D 为非线性损伤值。

由于船舶减振支架的疲劳破坏属于高周疲劳,因此这里选用线性疲劳累积损伤理论对减振支架进行寿命分析。

2.3 随机加载条件下的振动疲劳计算

2.3.1 应力功率谱密度

1. 自相关函数

$$R_x(\tau) = \lim_{T \to \infty} \frac{1}{2T} \int_{-T}^{T} x(t) \cdot x \cdot (t+\tau) \mathrm{d}t = \lim_{T \to \infty} \frac{1}{T} \int_{0}^{T} x(t) \cdot x \cdot (t+\tau) \mathrm{d}t \quad (2.13)$$

式中,T 为信号的加载周期;t 为瞬时时间;τ 为延迟时间。

自相关函数的物理意义:描述信号 $x(t)$ 本身不同时刻的相似程度。

2. 互相关函数

$$R_{xy}(\tau) = \lim_{T \to \infty} \frac{1}{2T} \int_{-T}^{T} x(t) \cdot y \cdot (t+\tau) \, dt = \lim_{T \to \infty} \frac{1}{T} \int_{0}^{T} x(t) \cdot y \cdot (t+\tau) \, dt \quad (2.14)$$

式中，T 为信号的加载周期；t 为瞬时时间；τ 为延迟时间。

互相关函数的物理意义：描述两个信号 $x(t)$ 和 y 之间的相似程度。

3. 自功率谱密度函数

$$S_x(f) = \mathscr{F}[R_x(\tau)] = \int_{-\infty}^{+\infty} R_x(\tau) \cdot \exp(-j2\pi f\tau) \, d\tau \quad (2.15)$$

式中，$R_x(\tau)$ 为时间 τ 的周期函数；$S_x(f)$ 为频率 f 的周期函数。

$S_x(f)$ 称为 $R_x(\tau)$ 的像函数，$R_x(\tau)$ 称为 $S_x(f)$ 的像原函数。

对式(2.15)进行逆傅里叶变换，得到

$$R_x(\tau) = \mathscr{F}^{-1}[S_x(f)] = \int_{-\infty}^{+\infty} S_x(f) \cdot \exp(j2\pi f\tau) \, df \quad (2.16)$$

令 $\tau = 0$，有

$$R_x(0) = \int_{-\infty}^{+\infty} S_x(f) \, df = \sigma_x^2 \quad (2.17)$$

也就是说，在谱密度 $S_x(f)$ 曲线以下的面积平方根就是归一化平稳随机过程的均方根值(RMS)。因此，$S_x(f)$ 也称为均方谱密度。本章中的功率谱密度均表示自功率谱密度函数。

自功率谱密度函数的物理意义：表示了信号的平均功率沿频率轴的分布密度。

4. 互功率谱密度函数

$$S_{xy}(f) = \int_{-\infty}^{+\infty} R_{xy}(\tau) \cdot \exp(-j2\pi f\tau) \, df \quad (2.18)$$

互功率谱密度函数的物理意义：反映了两个不同信号所具有的相同频率成分。

功率谱密度可以分为单边功率谱密度和双边功率谱密度，式(2.15)和式(2.18)定义的都是双边功率谱密度，单边功率谱密度的定义为

$$G_x(f) = \begin{cases} S_x(0) & f=0 \\ 2S_x(f) & f>0 \end{cases} \quad (2.19)$$

双边功率谱中引入了负频率的概念，只是为了数学上的完备性，并没有任何

物理意义。

在随机加载条件下,疲劳分析的计算方法如下:根据压缩后的频域信号,用单边功率谱密度函数对随机载荷及响应信号进行分类,将动态结构模拟成一个线性传递函数[48]。单边功率谱密度的单位是 g^2/Hz,它表示不同频率段功率或者能量的分布情况。

2.3.2 相关功率谱参数

惯性矩即功率谱密度函数曲线下所包含的面积,则功率谱密度函数的 n 阶惯性矩为[67]

$$m_n = \int f^n G(f) \mathrm{d}f \tag{2.20}$$

式中,m_n 为 n 阶惯性矩;$G(f)$ 为频率 f 处的单边 PSD 值。

则均方根为

$$\sigma_{\mathrm{RMS}} = \sqrt{m_0} = \sqrt{\int G(f) \mathrm{d}f} \tag{2.21}$$

式中,m_0 为单边 PSD 曲线的第 0 阶惯性矩(即曲线下的面积)。

零交叉点的期望数为

$$E_0 = \sqrt{\frac{m_2}{m_0}} \tag{2.22}$$

式中,m_2 为 PSD 曲线的第 2 阶惯性矩;E_0 为零交叉点的期望数。

峰值的期望数为

$$E_P = \sqrt{\frac{m_4}{m_0}} \tag{2.23}$$

式中,m_4 为 PSD 曲线的第 4 阶惯性矩;E_P 为峰值的期望数。

不规则因子为

$$\gamma = \frac{E_0}{E_P} = \frac{\sqrt{m_2/m_0}}{\sqrt{m_4/m_2}} = \frac{m_2}{\sqrt{m_0 m_4}} \tag{2.24}$$

图 2.2 为应力、应变时间历程图,从图中可以看出 E_P 和 E_0 点的位置。

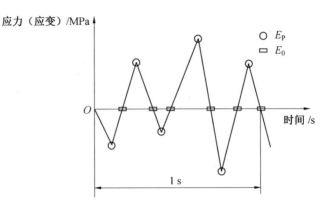

图 2.2 应力、应变时间历程图

2.4 基于窄带信号和宽带信号的疲劳分析

功率谱密度图形形状各异,按其差异可将平稳随机过程分为两种,即平稳窄带随机过程和平稳宽带随机过程。

平稳窄带随机过程近似于简谐振动,谱形状呈现出来的是一种尖峰状,谱频率成分主要集中在一个狭小的频带上。平稳窄带随机过程具有一个非常鲜明的时域特征,其特征描述为:在其时域波形中,每一个波峰与波谷之间的连线必将穿越一次均值线。

相比之下,平稳宽带随机过程的频率成分比平稳窄带随机过程的频率成分更加分散,而且平稳宽带随机过程的频率成分比较丰富,且谱形状较为平坦,有多个峰值,具有很大的随机性。平稳宽带随机过程同样具有一个非常鲜明的时域特征,其特征描述为:在其时域波形中,波峰与波谷之间的连线不一定穿越均值线,并且至多穿越一次均值线。

平稳窄带随机过程以及平稳宽带随机过程的时域波形及功率谱密度如图 2.3 所示。

图 2.3(a)表示一种典型平稳窄带随机过程的时域波形,图 2.3(b)表示一种典型平稳窄带随机过程的功率谱密度;图 2.3(c)表示一种典型平稳宽带随机过程的时域波形,图 2.3(d)表示一种典型平稳宽带随机过程的功率谱密度[68]。

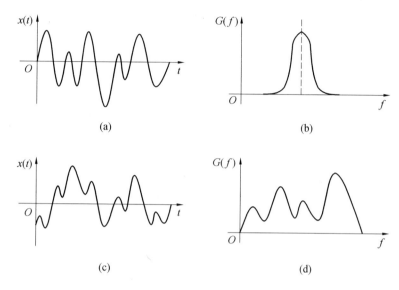

图 2.3 典型窄带和宽带随机过程的时域波形及功率谱密度

2.4.1 基于窄带信号的疲劳分析

传统上,疲劳损伤是求解时域载荷信号得到的,这种类型的时域信号一般是应力或应变。如本书 1.2 节所述,虽然用时域信号来表达周期性载荷比较方便,但是要非常准确地来描述随机加载过程,却需要较长的信号记录时间。20 世纪 80 年代初期,海上石油工业就遇到过这样一个问题:石油钻井平台是一个非常复杂且受随机风力及海浪冲击的结构,要想对它进行一个典型的设计分析或许要考虑 70 多种施加在平台上的载荷组合。因为这些载荷是随机的、动态的,所以分析变得更加复杂。对于这种情况,如果仍然在时域中对平台进行瞬态动力分析几乎无法实现。但是基于频域的有限元分析却能在很大程度上简化这个问题。首先,对有限元模型进行单位载荷下的频率响应分析,求得波高和结构中应力之间的传递函数。然后,将这一传递函数乘以波高功率谱密度,便能够获得应力功率谱密度。为了能将这种类型的快速频域技术运用于疲劳分析,相关学者对如何从应力功率谱密度推导出结构的疲劳损伤进行了研究。

1964 年,Bendat 首先提出了一种从 PSD 信号求疲劳寿命的方法,他认为一个窄带信号随着带宽的降低,波峰的概率密度函数趋向于一个瑞利(Rayleigh)分布(用来描述平坦衰落信号接收包络或独立多径分量接受包络统计时变特性的一种分布类型）。除此之外，对于一个窄带时域信号，无论事实上它是不是应力循环，Bendat 均假设所有的窄带时域信号函数值是正的波峰，并且随后将跟着一个相对应的且数值相等的波谷。

利用 Bendat 的假定，窄带时域信号应力范围内的概率密度函数将趋向于一个瑞利分布，且 $E_0 = E_P$。Bendat 为了完善自己的解法，对一系列方程进行了推导，用 PSD 曲线下的惯性矩来估计预期的波峰数。Bendat 的幅值－均值直方图窄带解可表示为

$$n_S = E_P T \left(\frac{S}{4m_0} e^{-\frac{S^2}{8m_0}} \right) \tag{2.25}$$

式中，T 为时间；S 为应力幅值；n_S 为发生在 T 时间内应力幅值为 S 的循环次数；括号中的项即为瑞利分布。

值得注意的是，在处理宽带时域信号时，如果使用的是 Bendat 窄带解，那么得到的结果会很保守，主要是因为 Bendat 窄带解假定了时域信号的峰值与其大小相等的谷值是相匹配的。窄带时域信号的典型特征是每一个波峰都有一个同样大小的波谷，而宽带时域信号的典型特征却表现为一个低频载波上会出现一些小波。

2.4.2 基于宽带信号的疲劳分析

海洋状态谱的频带相对来说是比较宽的，所以无法用 Bendat 的窄带疲劳分析方法进行求解。为了能够解决较宽频带的疲劳分析问题，相关人员研究了几种方法，其中比较有名的是 Wirdching 法、Kam－Dover 法及 Hancock 方法。它们均是将 Bendat 窄带解作为基础所发展出来的半经验方法，其中 Kam－Dover 法和 Hancock 方法都使用了一个等效应力参量，只能应用在海洋平台结构上。虽然 Wirdching 模型同样是为海洋工业所开发的，但是却被发现具有较宽的工业应用领域。对较宽频带疲劳分析问题方面的研究，除了海洋工业领域发展比较多以外，其他工业领域也取得了一些理论上的进步。Steinberg 对电子工业领域的宽频疲劳分析进行了研究，Tunny 对铁路工业领域的宽频疲劳分析进行了研究，只是他们研究出来的方法局限于他们自己所研究的工业领域[69]。

1985 年，Dirlik 用 Monte Carlo 技术进行全面的计算机模拟，提出了一个解决宽频疲劳分析的经验闭合解。虽然 Dirlik 的方法明显比其他方法复杂，但它仍然只是四个 PSD 惯性矩 m_0、m_1、m_2 和 m_3 的一个函数[39,70]。Dirlik 的方法具

有广泛的应用范围,并且总是优于其他方法。Dirlik 方法的数学表达式为
$$n_S = E_P \times T \times P(S) \tag{2.26}$$
式中,n_S 为时间长度为 T,应力幅值为 S 的应力循环次数;$P(S)$ 为由一个指数分布和两个瑞利分布近似给出的雨流幅值概率密度函数,即

$$P(S) = \frac{\dfrac{D_1}{Q}\mathrm{e}^{-\frac{Z}{Q}} + \dfrac{D_2}{R^2}\mathrm{e}^{-\frac{Z^2}{2R^2}} + D_3 Z \mathrm{e}^{-\frac{Z^2}{2}}}{2\sqrt{m_0}} \tag{2.27}$$

式中

$$D_1 = \frac{2(x_m - \gamma^2)}{1+\gamma^2}, \quad D_2 = \frac{1-\gamma-D_1+D_1^2}{1-R}, \quad D_3 = 1 - D_1 - D_2$$

$$Z = \frac{S}{2\sqrt{m_0}}, \quad Q = \frac{1.25(\gamma - D_3 - D_2 R)}{D_1}, \quad R = \frac{\gamma - x_m - D_1^2}{1-\gamma-D_1-D_1^2}$$

$$\gamma = \frac{m_2}{\sqrt{m_0 m_4}}, \quad x_m = \frac{m_1}{m_0}\sqrt{\frac{m_2}{m_4}}$$

从结果精确度来说,Dirlik 的雨流范围经验公式比以前其他学者获得的修正因子要好得多。可是,使用一个经验公式之前,需要从理论上证明它。虽然 Bishop 提出了一个从功率谱密度惯性矩来预见雨流幅值的理论解,能够从理论上证明 Dirlik 的雨流范围经验公式,但是他推导的理论方法计算量庞大,并且与 Dirlik 的经验公式相比,精度并没有得到较大的改进。所以,尽管 Bishop 的方法佐证了 Dirlik 的雨流范围经验公式,但却很少被用在实际分析中。

2.5 随机振动载荷下的寿命估算

2.5.1 窄带随机载荷寿命预测

将式(2.7)和式(2.5)代入式(2.25),并令 $D=1$,得到构件发生破坏时的总循环数为

$$T = \frac{N_S}{E_P\left(\dfrac{S}{4m_0}\mathrm{e}^{-\frac{S^2}{8m_0}}\right)} = \frac{4m_0 C \mathrm{e}^{\frac{S^2}{8m_0}}}{S^{m+1} E_P} \tag{2.28}$$

2.5.2 宽带随机载荷寿命预测

设在时间 T 内应力幅值为 S 的循环次数为 N_S,将式(2.7)和式(2.5)代入式

(2.26)获得构件的疲劳寿命为

$$T = \frac{N_S}{E_P P(S)} = \frac{C}{E_P \int S^m P(S) \mathrm{d}S} \tag{2.29}$$

由于支架的外载荷属于宽频的随机激励，所以本章分析方法为 Dirlik 法。

2.6　本章小结

本章主要介绍船舶减振支架振动疲劳分析理论，确定了减振支架的疲劳类型为高周疲劳，分别对窄带信号和宽带信号的疲劳分析进行了介绍，并结合疲劳寿命基本理论及振动疲劳计算方法求得随机加载下结构的振动疲劳寿命公式。

第3章 支架结构的动态响应分析

3.1 建立整体结构有限元模型

3.1.1 建立支架有限元模型

船舶减振支架(简称支架)总长 4.52 m、总宽 1.7 m,大部分板厚 8 mm。

采用通用软件 MSC.Patran 建立支架结构有限元模型,如图 3.1 所示。X 轴代表艏艉方向,以艏部方向为正;Y 轴代表左右舷方向,以左舷方向为正;Z 轴代表高度方向,以往上方向为正。支架艏部是非对称结构,而其余部分关于 $X-Z$ 面对称。

进行网格划分的时候,为了保证网格均匀,大部分采用 Quad 单元(四边形单元)形式,剩余部分区域采用 Tri 单元(三角形单元)形式。网格大小根据位置的不同稍有变化。支架材料参数见表 3.1。

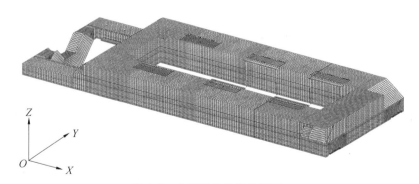

图 3.1 支架结构有限元模型

表 3.1 支架材料参数

高氮钢	密度 /(kg·m^{-3})	弹性模量 /GPa	泊松比	抗拉强度 /MPa	屈服强度 /MPa
10Cr20Mn16NiN	7 750	205	0.23	780	470

3.1.2 建立柴油机和齿轮箱有限元模型

支架结构上方承载柴油机和齿轮箱。表 3.2 列出了柴油机和齿轮箱的质量,图 3.2 为支架、柴油机和齿轮箱有限元模型。柴油机和齿轮箱采用实体建模,进行网格划分的时候,使用 Hex8 单元(8 节点六面体单元)形式,即由 8 个节点组成的正六面体单元。

表 3.2 柴油机和齿轮箱的质量

	柴油机	齿轮箱
质量/kg	7 629	1 566

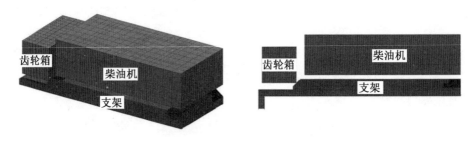

图 3.2 支架、柴油机和齿轮箱有限元模型

3.1.3 建立减振器和基座有限元模型

支架尺寸和减振器高度尺寸均为实际结构尺寸,柴油机和齿轮箱设备重心与实际结构一致,为了模拟减振器性能,使用弹性连接 beam 单元(梁单元)对减振器进行有限元建模。整体隔振装置有限元模型如图 3.3 所示。柴油机和齿轮箱之间用 1 个 A 型联轴器连接;齿轮箱和支架之间每边有 2 个 B 型减振器;柴油机和支架之间每边有 6 个 YJ-09 型减振器;支架和基座之间每边有 6 个减振器,中间 4 个为 DY-20 型,前后为 DY-40 型。整体结构共建立了 28 个减振器和 1 个联轴器,各减振器和联轴器动刚度参数见表 3.3。

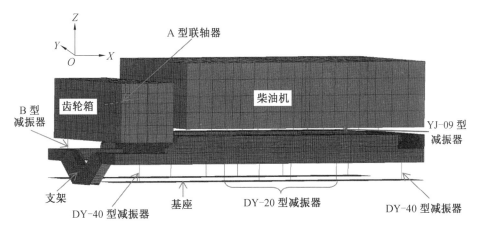

图 3.3　整体隔振装置有限元模型

表 3.3　各减振器和联轴器动刚度参数

	A 型	B 型	YJ-09 型	DY-20 型	DY-40 型
纵向 Y 动刚度/($\times 10^6$ N·m^{-1})	1.8	12.6	3.3	1.181 1	2.565 4
横向 X 动刚度/($\times 10^6$ N·m^{-1})	—	108	3.3	0.254	0.606 9
垂向 Z 动刚度/($\times 10^6$ N·m^{-1})	1.8	108	2.27	1.32	2.692 4
轴向 R_X 动刚度/($\times 10^6$ N·rad^{-1})	0.064	—	—	—	—

3.1.4　设置边界条件

根据支架结构实际所处环境情况,边界条件采用对基座四周的节点进行固定的约束方式,即 6 个自由度均为 0,图 3.4 所示为边界条件图。

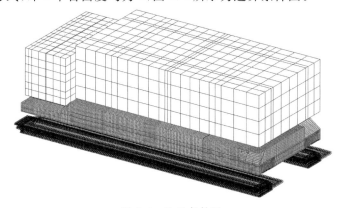

图 3.4　边界条件图

3.2 支架结构的振动模态分析

每一个结构都有自身的固有频率和对应的模态振型,它们是结构的固有属性。为了确定船舶减振支架的固有频率和模态振型,基于振动理论,对图3.4所示施加固定约束后的整体隔振装置进行固有振动特性分析,即振动模态分析,其分析结果将作为接下来的支架整体结构载荷模拟和振动响应分析的基础。

本书共分析了30阶模态,在整体隔振装置的有限元振动模态分析中,计算得到的前18阶模态为隔振装置的刚体模态,所得频率为整体结构的刚体频率,其中,支架的变化是整体移动或整体转动,并没有产生相对位移,也没有单独地产生弯曲和扭转变形,这对实际的分析没有意义。

从整体隔振装置的第19阶模态开始进行研究,且第19阶模态为支架弹性振动模态的第1阶模态,则计算所得支架第1~6阶模态的固有频率见表3.4,图3.5为支架第1~6阶模态图。由分析可知,第1阶模态为一阶弯曲模态,第2阶模态为一阶扭曲模态,第3阶模态为二阶扭曲模态,第4阶模态为压缩模态,第5阶模态为二阶弯曲模态,第6阶模态为弯扭组合模态。

表3.4 支架第1~6阶模态的固有频率

	1阶	2阶	3阶	4阶	5阶	6阶
频率/Hz	69.6	84.7	108.8	112.4	121.2	133.7

从支架振动模态图可以得到支架应变较大的部位基本位于模态振型中节线的附近。一般来说,振动疲劳破坏易发生的部位通常是共振中应变大且有缺陷或应力集中的部位,如果该部位正好处于某几阶重要模态振型的节线处,问题将变得更加严重。支架结构的振动模态分析为接下来激励载荷的模拟判断输入载荷是否有和支架固有频率相重叠或者相接近的频率打好了基础,防止支架发生共振。

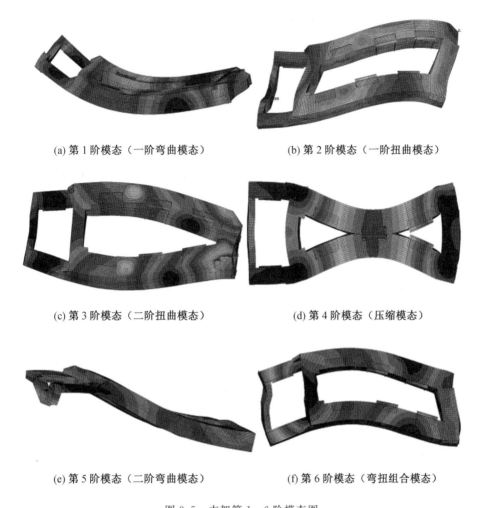

(a) 第1阶模态（一阶弯曲模态）　　(b) 第2阶模态（一阶扭曲模态）

(c) 第3阶模态（二阶扭曲模态）　　(d) 第4阶模态（压缩模态）

(e) 第5阶模态（二阶弯曲模态）　　(f) 第6阶模态（弯扭组合模态）

图 3.5　支架第 1～6 阶模态图

3.3　支架结构激励载荷的模拟

船舶设备的激励载荷难以测量,但是设备底部的振动加速度却易于通过实验测得[71]。为了比较船舶减振支架的模拟激励载荷所获得的振动加速度与实测数据是否吻合,将整个结构安装在船上进行码头航行实验,从而测得柴油机底部测点的 1/3 频程振动加速度。采用码头航行实验与柴油机底部测点加速度响应分析计算相验证的方法,对设备激励载荷进行模拟,测点位置为柴油机底部相邻两个减振器与柴油机交点连线的中点处,具体激励载荷的模拟步骤如下:

(1)将整个结构安装在船上进行码头航行实验时,通过柴油机底部 12 个减振器的安装位置布置 6 个测点(图 3.6)。在测点位置布置 PCB 352C04 型加速度传感器,并使用 LMS T1 多功能数据采集系统(图 3.7)测定船舶航速为 14 kn(节,1 kn=1 nmile/h=0.514 m/s),柴油机转速为 1 670 r/min 时的振动加速度响应。

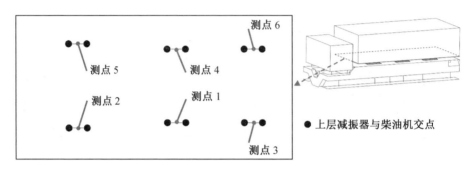

图 3.6 实验测试柴油机底部测点分布图

(a) PCB 352C04 型加速度传感器

(b) LMS T1 多功能数据采集系统

图 3.7 实验测试测量仪器

(2)利用所建立的整体结构有限元模型,在柴油机和齿轮箱设备重心节点处分别施加垂向力载荷 1 和垂向力载荷 2(图 3.8 和图 3.9),进行支架整体结构的振动加速度响应分析,从而可以得到柴油机底部与码头航行实验测点对应位置处的振动加速度。

(3)将计算得到的柴油机底部加速度与码头航行实验测得的结果进行比较,根据两者之间的关系确定动力设备的载荷系数。据此,在设备重心处施加的载荷可以合理地模拟实际载荷。最后得到的载荷 1 和载荷 2 非空间场参数表见表 3.5 和表 3.6。

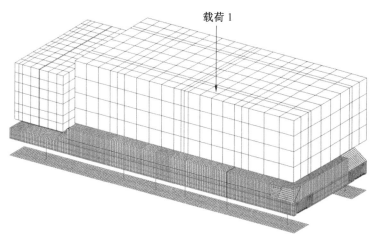

图 3.8 载荷 1

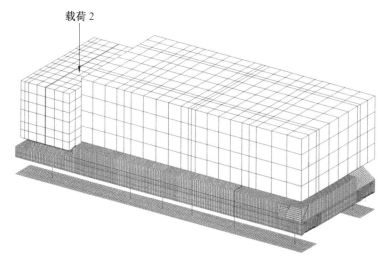

图 3.9 载荷 2

表 3.5 载荷 1 非空间场参数表

频率/Hz	力/N	频率/Hz	力/N	频率/Hz	力/N
10	2 031.571	31.5	1 501.566	100	13 944.68
12.5	4 835.298	40	1 982.779	125	15 470.52
16	1 910.625	50	1 929.422	160	9 067.266
20	2 041.399	63	2 287.902	200	11 434.22
25	369.078 3	80	3 000.469		

表 3.6　载荷 2 非空间场参数表

频率/Hz	力/N	频率/Hz	力/N	频率/Hz	力/N
10	56.998	31.5	61.379	100	460.89
12.5	3 277.179	40	271.82	125	1 270.86
16	84.089	50	336.96	160	422.47
20	23.535	63	854.04	200	353.13
25	45.203	80	137.14		

图 3.10 对测点 1 和测点 2 的实验结果和计算结果加速度值进行了对比，由图 3.10 可知，测点 1 和测点 2 的实验结果与计算结果除极少个频率下偏差较大以外，其他频率下的结果吻合较好，所以采用该载荷激励方法对支架进行有限元研究是可行的。同时，激励载荷避开了支架的固有频率，防止了支架在激励载荷作用下发生共振。

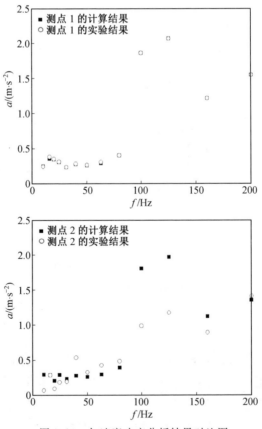

图 3.10　加速度响应分析结果对比图

接下来,对支架结构的所有分析,都是在载荷 1 和载荷 2 的共同作用下的。

3.4 支架结构的振动响应分析

对支架结构进行振动响应分析时,输出频率从 10 Hz 到 200 Hz,步长为 2 Hz。经过分析计算,得到输出频率中应力最大时的振动响应分析云图(图 3.11)。由图 3.11 可知,最大应力发生在 70 Hz 时,位于偏艉部的纵向板架、横向板架与加强板连接处附近(中间梁右舷垂直相交连接处),即图 3.11 的最大应力区域,应力为 7.58 MPa。图 3.11(a)所示的支架上表面开孔的局部部位和肘板的应力集中位置属于应力较大区域,应力在 5.06 MPa 左右。应力最大区域和应力较大区域都有可能成为疲劳热点区域,应重点关注这些部位的疲劳强度。

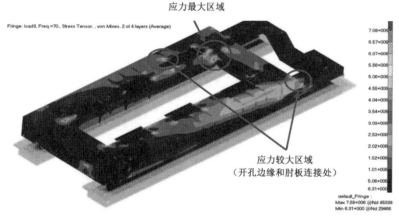

(a) 振动响应分析支架整体云图

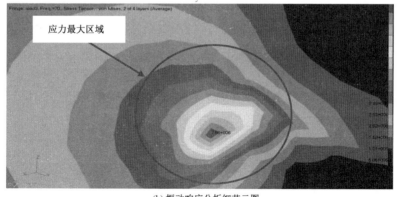

(b) 振动响应分析细节云图

图 3.11　振动响应分析应力云图($f=70$ Hz)

船舶减振支架最大应力出现在支架中间横梁与右舷内板连接的T型连接附近(频率为70 Hz),为第3.2节振动模态分析中第1阶模态振型节线附近(频率为69.6 Hz),因此如果设备激励载荷频率在70 Hz左右,支架容易发生共振,使得局部应力增大,从而破坏结构,也就是超过了支架材料的极限强度。图3.12为应力最大区域局部结构图。

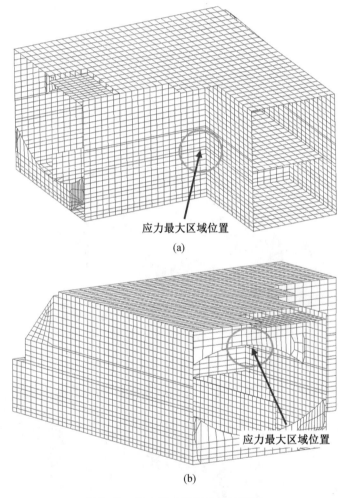

图 3.12 应力最大区域局部结构图

3.5 本章小结

本章首先对船舶减振支架结构、支架上部设备柴油机和齿轮箱、基座、设备与支架连接减振器,以及支架与基座连接减振器进行有限元建模,并确定基座的边界条件为固定约束。然后对支架整体隔振装置进行振动模态分析,防止载荷模拟分析中所得到的激励载荷频率与支架自然频率相接近或相重合而发生共振。接下来通过观察有限元数据和实验数据是否吻合对支架整体结构激励载荷进行模拟,从而获得施加在柴油机和齿轮箱重心节点处的垂向力载荷 1 和载荷 2。最后对支架整体结构进行两个载荷共同作用下的振动响应分析,得到应力较大区域和应力最大区域。分析结果表明:

(1) 有限元模型在模拟的激励载荷作用下,所得测点 1 和测点 2 的加速度响应计算值与实验值除极少个频率下偏差较大以外,其他频率下的结果吻合较好,所以采用模拟的载荷激励对支架进行有限元研究是可行的。同时,激励载荷的频率避开了支架的固有频率,防止支架在激励载荷作用下发生共振。

(2) 支架结构应力最大值出现在 70 Hz 时,位于偏艉部的纵向板架、横向板架与加强板连接处附近(中间梁右舷垂直相交连接处),应力为 7.58 MPa。支架上表面开孔的局部部位和肘板的应力集中位置属于应力较大区域,应力在 5.06 MPa 左右,应力最大区域和应力较大区域都有可能成为疲劳热点区域。

(3) 船舶减振支架最大应力位置(频率为 70 Hz)在第 3.2 节振动模态分析中第 1 阶模态振型节线附近(频率为 69.6 Hz),因此,如果设备激励载荷频率在 70 Hz 左右,支架容易发生共振,使得局部应力增大,从而破坏结构。

第4章 支架结构的振动疲劳分析与影响因素探讨

4.1 支架结构的振动疲劳分析

采用本书第 2 章的振动疲劳理论,基于功率谱密度法和疲劳寿命分析基本理论对船舶减振支架结构进行两个载荷共同作用下的振动疲劳分析。

进行支架整体结构的振动疲劳分析需要具备 3 个条件,分别为:支架整体结构的单位应力分布、支架材料的 $S-N$ 曲线和施加的载荷。因为激励载荷在本书第 3.3 节已进行了详细描述,所以本节主要对获得单位应力分布和支架材料的 $S-N$ 曲线进行叙述。船舶减振支架振动疲劳分析的详细流程如图 4.1 所示。

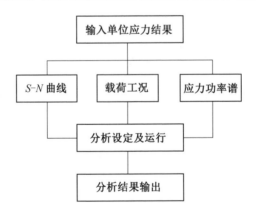

图 4.1 船舶减振支架振动疲劳分析的详细流程

(1) 用 MSC.Fatigue 软件的 Vibration 模块进行振动疲劳分析时,为了获得传递函数,在进行振动响应分析时必须施加单位载荷,分别进行单位载荷 1 和单位载荷 2 下的振动响应分析,从而得到支架在各阶频率上的应力分布矩阵,也就是系统的传递函数。将传递函数乘以随机振动载荷的功率谱密度,即可得到支架的应力功率谱。

(2) 由于未能查到表 3.1 所给高氮钢材料的 $S-N$ 曲线参数,因此根据表中材料的极限强度、屈服强度和不锈钢材料的 $S-N$ 曲线参数拟合并命名了材料 10Cr,图 4.2 为 10Cr 的 $S-N$ 曲线图。通过计算,得到材料为 10Cr 时支架的振动疲劳寿命(表 4.1)。

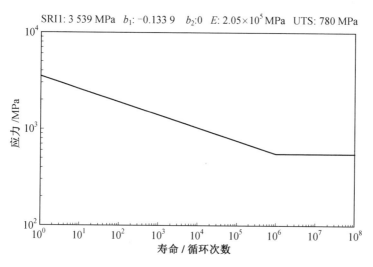

图 4.2　10Cr 的 $S-N$ 曲线图

表 4.1　10Cr 材料参数与支架寿命结果表

材料名称	弹性模量 E/GPa	极限强度 UTS /MPa	应力变程 SRI1 /MPa	第一疲劳强度指数 b_1	第二疲劳强度指数 b_2	最小寿命 /s	最小寿命 /d	最小寿命 /a
10Cr	205	780	3 539	−0.133 9	0	1×10^{20}	1.16×10^{15}	3.17×10^{12}

由表 4.1 可以得到,使用模拟材料 10Cr 的支架振动疲劳寿命为 1×10^{20} s,在疲劳分析中认为结构达到了持久极限,即支架永远不会发生破坏。主要是因为本书第 3.4 节振动响应分析的应力幅值比较小,仅为 7.58 MPa,所以达到持久极限也是比较合理的。

4.2　支架参数对振动疲劳寿命的影响

本节将通过不改变其他分析条件,但分别细化(支架结构)关键部位网格、改变疲劳材料特性来分析支架参数对其振动疲劳寿命的影响。

4.2.1 关键部位网格细化的影响

船舶减振支架结构关键部位应力较大,容易发生破坏,根据相关规范,应细化此部位的网格,细化后的网格大小为 $t \times t$,t 为板材厚度,所以本节将关键部位的网格由原来的 20 mm×15 mm 加密成 8 mm×8 mm。图 4.3 为关键部位网格细化前后的有限元模型。

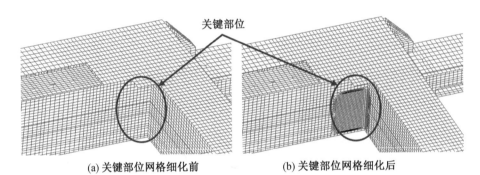

(a) 关键部位网格细化前　　　(b) 关键部位网格细化后

图 4.3　关键部位网格细化前后的有限元模型

对关键部位网格细化后的支架进行振动响应分析,发现最大应力依然出现在频率为 70 Hz 时,位置略往板连接处移动了 8 mm,并且最大应力增加到 9.84 MPa,与之前关键部位未加密的最大应力计算结果 7.58 MPa 相比,增加了 2.26 MPa。同样,应力较大区域位置与网格细化前没有变化,在上表面开孔应力集中部位,但应力有所增加。这说明关键部位的网格细化对最大应力是有影响的,但是影响不大。图 4.4 为网格细化后支架振动响应分析云图。

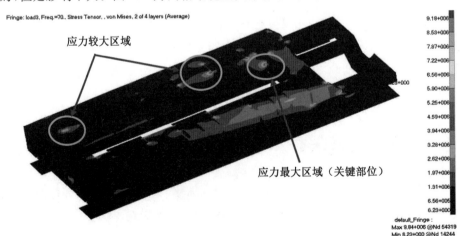

图 4.4　网格细化后支架振动响应分析云图

最后对支架材料10Cr进行振动疲劳分析,发现增加的应力并没有影响支架寿命,支架依然是持久极限。

表4.2为关键部位网格细化前后对比,接下来所有的分析计算都是在关键部位网格细化的基础上进行的。

表4.2 关键部位网格细化前后对比

	网格细化前	网格细化后
关键部位网格大小/(mm×mm)	20×15	8×8
最大振动响应应力/MPa	7.58	9.84
振动疲劳寿命	持久极限	持久极限

4.2.2 疲劳材料特性的影响

为了比较不同疲劳材料特性对支架结构振动疲劳寿命的影响,本书根据表3.1中支架结构材料的极限强度和弹性模量等条件从相关材料库中选取了材料1~材料5这5种材料,它们的极限强度和弹性模量与支架结构材料(表3.1)的极限强度较为接近,但它们的疲劳特性与表3.1中的材料特性是有差别的。

图4.5~4.9为材料1~材料5的$S-N$曲线图。

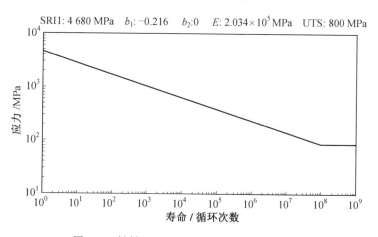

图4.5 材料1(RQC100_SN)的$S-N$曲线图

对船舶减振支架进行振动疲劳计算,得到不同材料支架的参数与寿命,见表4.3。

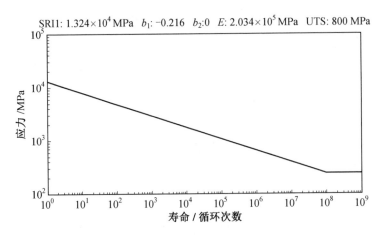

图 4.6 材料 2(RQC100_MSN)的 $S-N$ 曲线图

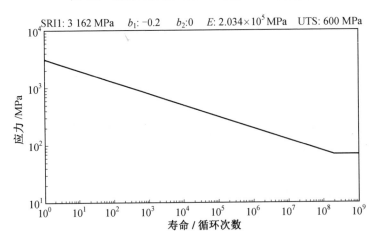

图 4.7 材料 3(MANTEN_SN)的 $S-N$ 曲线图

从表 4.3 中可以得到：

(1) 只有材料 5 和模拟材料才能达到持久极限，可见材料 5 和模拟材料的抗疲劳性能较好。

(2) 材料 1 的最小寿命为 38.31 d；材料 2 的最小寿命为 4.32×10^4 d，约为 118.278 a；材料 3 的最小寿命为 19.79 d；材料 4 的最小寿命为 1.55×10^4 d，约为 42.491 a。并且寿命最低点均在图 4.4 所示的应力最大区域，即中间梁右舷垂直相交连接处。

(3) 每一个疲劳参数对支架振动疲劳寿命均有很大的影响。

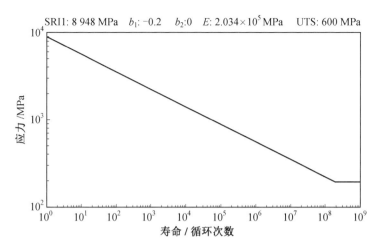

图 4.8　材料 4(MANTEN_MSN)的 $S-N$ 曲线图

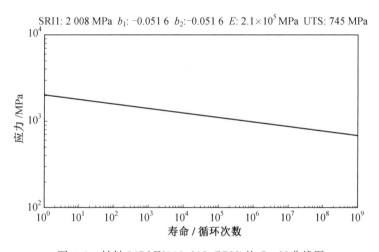

图 4.9　材料 5(SAE2335_217_CON)的 $S-N$ 曲线图

表 4.3　不同材料支架的参数与寿命

项目	材料 1	材料 2	材料 3	材料 4	材料 5	模拟材料
材料名称	RQC100_SN	RQC100_MSN	MANTEN_SN	MANTEN_MSN	SAE2335_217_CON	10Cr
弹性模量 /($\times 10^5$ MPa)	2.034	2.034	2.034	2.034	2.1	2.05
极限强度 /MPa	800	800	600	600	745	780

续表4.3

项目	材料1	材料2	材料3	材料4	材料5	模拟材料
应力变程/MPa	4 680	13 240	3 162	8 948	2 008	3 539
第一疲劳强度指数 b_1	−0.216	−0.216	−0.2	−0.2	−0.051 6	−0.133 9
第二疲劳强度指数 b_2	0	0	0	0	−0.051 6	0
最小寿命/s	$3.31×10^6$	$3.73×10^9$	$1.71×10^6$	$1.34×10^9$	$1×10^{20}$	$1×10^{20}$
最小寿命/d	38.31	$4.32×10^4$	19.79	$1.55×10^4$	$1.16×10^{15}$	$1.16×10^{15}$
最小寿命/a	0.105	118.278	0.054	42.491	$3.17×10^{12}$	$3.17×10^{12}$

4.3 焊接残余应力对振动疲劳寿命的影响

4.3.1 测量焊接残余应力

支架在模拟材料下寿命为持久极限,但船舶减振支架结构实际上为焊接构件,不可避免地会存在或大或小的焊接残余应力,而焊接残余应力会对支架振动疲劳寿命产生较大影响。所以下面将在不改变其他分析条件的基础上来分析焊接残余应力对支架结构振动疲劳寿命的影响。

使用经过计量检定合格的LM-12型焊接残余应力检测仪和盲孔法对船舶减振支架结构进行初始焊接残余应力测量实验,由实验测得的支架结构部分焊接部位的初始焊接残余应力可知,在焊缝附近确实存在较大的焊接残余应力。图4.10为部分初始焊接残余应力测点号位置,其初始焊接残余应力测量值见表4.4。由图4.10和表4.4可知,支架艏部正反面两条横向焊缝的焊接残余应力较大,即测点1~测点3和测点7~测点10,且这7个测点较为接近支架结构的关键部位。

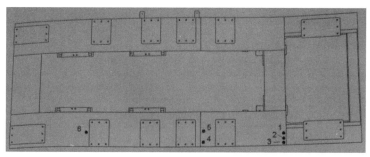

(a) 支架反面测点位置

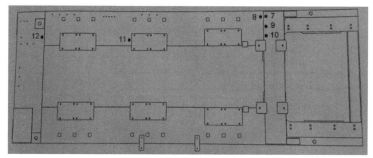

(b) 支架正面测点位置

图 4.10　部分初始焊接残余应力测点号位置

表 4.4　部分初始焊接残余应力测量值　　　　　　　　（MPa）

测点号	主应力 1	主应力 2	等效应力
1	387.6	311.7	497.4
2	363.1	347.9	502.9
3	276.9	112.3	298.8
7	303.4	200	363.4
8	220.6	39.9	224.2
9	490.5	194.1	527.5
10	252.6	134.3	286.1

　　由表 4.4 可得,船舶减振支架结构部分测点初始焊接残余应力较大,达到了 527.5 MPa,为了降低初始焊接残余应力对支架振动疲劳寿命的影响,使用振动时效法消除支架部分初始焊接残余应力。通过专用设备使支架在固有频率下产生共振,让周期性的动应力与初始焊接残余应力叠加,从而使支架焊接部位发生挤压、拉伸、弯曲、扭转等微观塑性变形而释放初始焊接残余应力。在经过振动

时效后,初始焊接残余应力在一定程度上有所释放和减弱。表 4.5 为对减振支架结构进行振动时效后部分测点初始焊接残余应力的释放量及消除度。

表 4.5 部分测点初始焊接残余应力的释放量及消除度　　　　　(MPa)

测点号	初始焊接残余应力	残余焊接应力释放量	残余焊接应力剩余量	焊接残余应力消除度/%
		(等效应力)		
1	497.4	43.8	453.6	8.9
2	502.9	65.4	437.5	13.0
3	298.8	67.2	231.6	22.4
7	363.4	36.7	326.7	10.1
8	224.2	36.6	187.6	16.3
9	527.5	167.2	360.3	31.7
10	286.1	53.6	232.5	18.7

从表 4.5 可以看出,初始焊接残余应力经过振动消除后,还留有较大余量,剩余焊接残余应力最大值达到 453.6 MPa,会对支架结构的振动响应分析和振动疲劳寿命产生较大影响。因此,下面将分析焊接残余应力对支架结构振动疲劳寿命的影响。

4.3.2 修正 $S-N$ 曲线

为了得到经过振动释放后的焊接残余应力对支架结构疲劳强度的影响,根据式(4.1)的 Goodman 公式对 $S-N$ 曲线进行修正,从而得到考虑了焊接残余应力影响的 $S-N$ 曲线,这将会使计算结果更合理,并且更接近实际支架工作情况。

$$S_a = S_e \left(1 - \frac{S_m}{S_u}\right) \quad (4.1)$$

式中,S_a 为应力幅值;S_e 为等效应力;S_m 为平均应力;S_u 为材料极限抗拉强度,本书为 780 MPa。

图 4.2 中模拟材料 10Cr 的 $S-N$ 曲线幂函数形式为

$$\lg S = 3.55 - 0.133\,9\lg N \quad (4.2)$$

式(4.2)为式(2.4)所示的幂函数形式,从而得到模拟材料 10Cr 的 $S-N$ 曲线参数 a 和 b 分别为 3.55 和 $-0.133\,9$。

为了得到考虑焊接残余应力影响的 $S-N$ 曲线,首先由图 4.2 的 $S-N$ 曲线得到如式(4.2)所示的 $S-N$ 曲线公式,在此公式中取 2 组 $A(S_{a1},N_1)$、$B(S_{a2},N_2)$ 值,代入式(4.1)中。从而由 (S_{a1},S_m)、(S_{a2},S_m) 得到 2 个等效应力 S_{e1}、S_{e2},再代入原 $S-N$ 曲线公式(4.2)中求得等效应力下的寿命 (N_3,N_4)。最后将数据 $C(S_{a1},N_3)$、$D(S_{a2},N_4)$ 代入式(2.5)并求解,得到考虑焊接残余应力的 $S-N$ 疲劳曲线常数 m^*、C^* 值,从而得到含焊接残余应力 S_m 的 $S-N$ 曲线。其中,由数据 C、D 得到的常数 m^*、C^* 值为

$$m^* = m, \quad C^* = C\left(1 - \frac{S_m}{S_u}\right)^m \tag{4.3}$$

含焊接残余应力 S_m 的 $S-N$ 曲线公式为

$$S^m N_S = C\left(1 - \frac{S_m}{S_u}\right)^m \tag{4.4}$$

根据式(2.29)和式(4.3)得到含焊接残余应力的振动疲劳寿命计算公式:

$$T = \frac{C^*}{E_P \int S^{m^*} P(S) \mathrm{d}S} = \frac{C\left(1 - \frac{S_m}{S_u}\right)^m}{E_P \int S^m P(S) \mathrm{d}S} = \frac{C(S_u - S_m)^m}{(S_u)^m E_P \int S^m P(S) \mathrm{d}S} \tag{4.5}$$

4.3.3 考虑焊接残余应力影响的振动疲劳分析

根据新的 $S-N$ 曲线公式(4.4)求得拟合材料时所需参数生成 $S-N$ 曲线,进行含焊接残余应力的振动疲劳寿命分析,获得不同焊接残余应力对支架振动疲劳寿命的影响,求出焊接残余应力分别为 100 MPa、200 MPa、300 MPa、400 MPa 直至剩余焊接残余应力最大值 453.6 MPa 时的寿命分别为 1 842.34 a、200.72 a、14.555 a、0.68 a 和 0.118 a,见表 4.6。图 4.11 为不同焊接残余应力下支架材料的 $S-N$ 曲线。

表 4.6 焊接残余应力与振动疲劳寿命之间的关系

焊接残余应力/MPa	寿命/a
0(无焊接残余应力)	持久极限
100	1 842.34
200	200.72
300	14.555
400	0.68
453.6	0.118

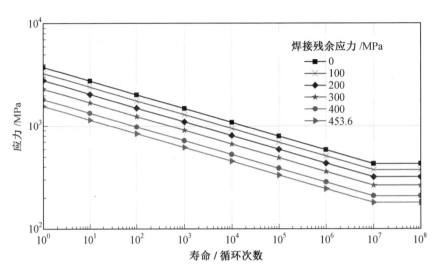

图 4.11 不同焊接残余应力下支架材料的 $S-N$ 曲线

由表 4.6 可知,随着焊接残余应力的增加,振动疲劳寿命降低较快,虽然仅由无焊接残余应力增加到焊接残余应力为 453.6 MPa,但振动疲劳寿命却由之前的持久极限降低到仅有 0.118 a,而且所有情况均在图 4.4 的应力最大区域位置最先发生破坏,即中间梁右舷垂直相交连接处。

由此可见,焊接残余应力对支架结构振动疲劳寿命的影响较大。要防止支架结构的振动疲劳破坏,应尽量降低或消除支架结构关键部位的焊接残余应力,或者将关键部位的焊缝连接处进行调整,使得焊缝远离结构的应力集中部位,尽量防止多重不利因素的影响。

4.4 刚度对振动疲劳寿命的影响

为了了解减振器和联轴器刚度对支架振动疲劳寿命的影响,接下来通过不改变其他分析条件,但分别改变 A 型联轴器和 B 型减振器刚度来分析计算支架的振动疲劳寿命。

4.4.1 B 型减振器刚度对振动疲劳寿命的影响

1. B 型减振器刚度为原来一半

使用 4.2.1 节的支架,其余条件不变,将表 3.3 中连接齿轮箱与支架的 B 型减振器(图 3.3)三个方向刚度均减小为原来一半,B 型减振器改变前后的刚度见表 4.7。然后对支架整体模型进行振动响应分析,得支架最大应力为 59.2 MPa,如图 4.12 所示,位于右舷肘板连接处,而应力较大区域位于左舷肘板连接处以及开孔边缘,约为 35.5 MPa。图 4.12 为改变 B 型减振器刚度后的应力云图,图 4.12 中所示的应力最大区域和应力较大区域均有可能发生疲劳破坏。

表 4.7　B 型减振器改变前后的刚度　　　　　　　　($\times 10^6$ N·m^{-1})

方向	原刚度 K_0	现刚度 50% K_0
横向 Y	12.6	6.3
纵向 X	108	54
垂向 Z	108	54

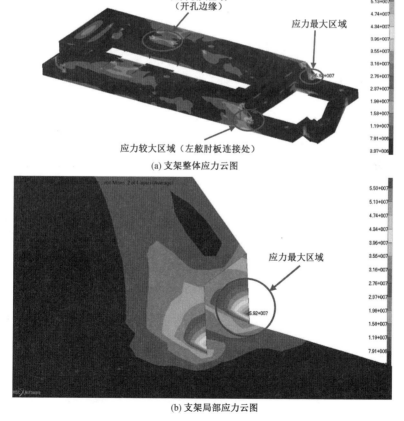

(a) 支架整体应力云图

(b) 支架局部应力云图

图 4.12　改变 B 型减振器刚度后的应力云图

B 型减振器三个方向刚度均减小为原来一半后,通过对材料为 10Cr 的支架整体结构进行振动疲劳分析得到支架寿命仅为 0.65 a,图 4.13 为改变 B 型减振器刚度后的支架寿命云图。破坏最先发生在如图 4.13 所示的缺口部位,该部位虽然不是应力最大区域,但却是应力较大区域。可见改变 B 型减振器刚度对结构振动疲劳寿命值有很大影响,并且应力最大区域不一定是寿命最低区域。

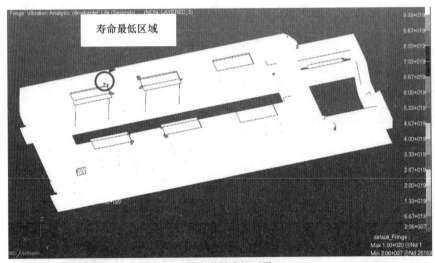

(a) 支架整体寿命云图

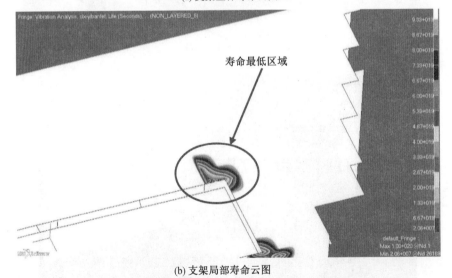

(b) 支架局部寿命云图

图 4.13 改变 B 型减振器刚度后的支架寿命云图

2. 不同 B 型减振器刚度

为了更好地分析不同 B 型减振器刚度对船舶减振支架结构振动疲劳寿命的影响,分别将 B 型减振器的刚度改为原刚度的 0.6、0.7、0.75、0.8 和 0.9,进行支架整体结构的振动模态分析、振动响应分析和振动疲劳分析。

由于 B 型减振器刚度为 $0.8K_0$ 的船舶减振支架结构应力最大区域和寿命最低区域与其他刚度减振器位置不同,所以将减振器刚度为 $0.8K_0$ 的结果单独进行如下说明。图 4.14 为 B 型减振器刚度为 $0.8K_0$ 的支架应力云图,图 4.15 为 B 型减振器刚度为 $0.8K_0$ 的支架寿命云图。由分析结果得,$0.8K_0$ 的支架的应力最大区域位于图 4.14 所示的支架上方开孔处应力集中位置,大小为 38.3 MPa,而应力较大区域位于图 4.14(a)开孔处的另一应力集中部位,约为 28.1 MPa,寿命最低区域在图 4.15 所示的右舷偏艉部外侧,也是其中一个应力较大区域。

其余刚度下的应力最大区域位置以及 $0.75K_0$ 和 $0.9K_0$ 的支架的寿命最低区域均在图 4.14 所示的应力最大区域,即中间梁右舷垂直相交连接处。

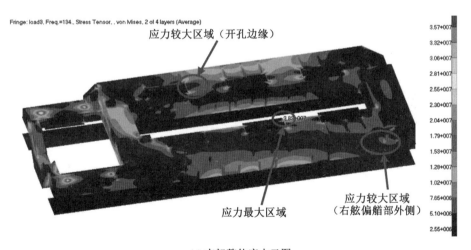

(a) 支架整体应力云图

图 4.14 B 型减振器刚度为 $0.8K_0$ 的支架应力云图

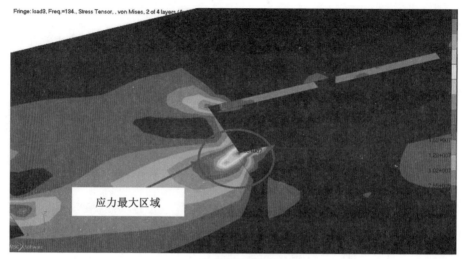

(b) 支架局部应力云图

续图 4.14

表 4.8 为不同刚度下支架的最大应力和最小寿命,表 4.9 为不同刚度下支架的第 1~8 阶模态固有频率。K_0 代表原刚度,K_1 代表改后刚度。由表 4.8 和表 4.9 可知,即使刚度的改变对减振支架整体结构的模态固有频率影响极小,但最大应力值和最低寿命值仍然有很大变化。特别是在刚度达到 $0.75K_0$ 时,应力达到 260 MPa,远远超过其他刚度下的应力,寿命也不到 1 a,是所有刚度情况下最危险的。

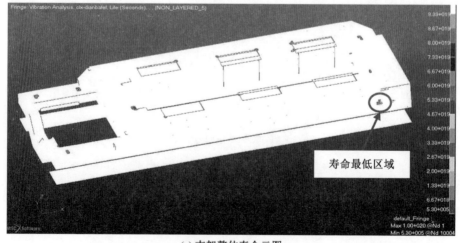

(a) 支架整体寿命云图

图 4.15 B 型减振器刚度为 $0.8K_0$ 的支架寿命云图

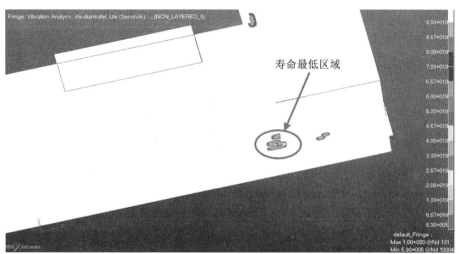

(b) 支架局部寿命云图

续图 4.15

表 4.8 不同刚度下支架的最大应力和最小寿命

K_1/K_0	最大应力 /MPa	最小寿命 /a	最大应力区域	最小寿命区域
0.5	59.2	0.65	右舷肘板连接处（图 4.12）	支架上方开孔处（图 4.13）
0.6	16.4	持久极限	中间梁右舷垂直相交连接处（图 4.4）	—
0.7	12.7	持久极限	中间梁右舷垂直相交连接处（图 4.4）	—
0.75	260	<1	中间梁右舷垂直相交连接处（图 4.4）	中间梁右舷垂直相交连接处（图 4.4）
0.8	38.3	0.017	支架上方开孔处（图 4.14）	右舷偏舱部外侧（图 4.15）
0.9	140	<1	中间梁右舷垂直相交连接处（图 4.4）	中间梁右舷垂直相交连接处（图 4.4）

表 4.9　不同刚度下支架的第 1～8 阶模态固有频率　　　　（Hz）

K_1/K_0	第 1～8 阶模态固有频率							
	1	2	3	4	5	6	7	8
0.5	4.751 6	5.364	5.871 8	8.586 8	10.906	13.363	14.292	16.756
0.6	4.75	5.37	5.87	8.62	10.93	13.38	14.3	16.97
0.7	4.752 9	5.366 3	5.875 7	8.652	10.957	13.409	14.306	17.098
0.75	4.75	5.37	5.88	8.67	10.97	13.41	14.30	17.14
0.8	4.75	5.37	5.88	8.68	10.97	13.42	14.31	17.18
0.9	4.75	5.37	5.88	8.71	10.99	13.43	14.31	17.24

3. B 型减振器刚度改变后焊接残余应力的影响

因为改后刚度为 $0.6K_0$ 和 $0.7K_0$ 的船舶减振支架结构是持久极限寿命,所以对其进行含 100～453.6 MPa 焊接残余应力的振动疲劳分析,从而得到不同弹性刚度的支架寿命与焊接残余应力之间的关系。

由振动疲劳分析得到,所有情况均在图 4.4 的最大区域位置最先发生破坏,即中间梁右舷垂直相交连接处。表 4.10 为含有焊接残余应力的不同刚度支架的最小寿命。从表 4.10 中可以得到,从无焊接残余应力到焊接残余应力逐渐增加,寿命降低速度很快,可见焊接残余应力对疲劳寿命影响很大。而且刚度为 $0.6K_0$ 的支架的寿命始终比刚度为 $0.7K_0$ 和 K_0 的支架寿命大,所以刚度为 $0.6K_0$ 的支架的承载能力最强,优先考虑使用。

表 4.10　不同刚度支架的最小寿命(含焊接残余应力)

焊接残余应力/MPa	不同 $\dfrac{K_1}{K_0}$ 下的最小寿命/a		
	0.6	0.7	1
0(无焊接残余应力)	持久极限	持久极限	持久极限
100	4 946.73	4 502.79	1 842.34
200	539.066	491.5	200.72
300	38.686	35.198	14.555
400	1.64	1.494	0.68
453.6	0.253	0.232	0.118

4.4.2　A型联轴器刚度对振动疲劳寿命的影响

使用 4.2.1 节的支架,其余条件不变,将表 3.3 中连接齿轮箱和柴油机的 A 型联轴器(图 3.3)三个方向刚度均扩大为原来的 5 倍,A 型联轴器改变前后的刚度见表 4.11。然后进行 2 个载荷共同作用下支架整体结构的振动响应分析,得出最大应力为 10.3 MPa,如图 4.16 所示,与原结构应力最大区域位置一致,在中间梁垂直相交连接处。而应力较大区域位于开孔边缘以及舯部横梁垂直相交连接处上方,约为 4.13 MPa。对 A 型联轴器三个方向刚度均扩大为原来 5 倍的支架整体结构进行材料为 10Cr 的振动疲劳寿命分析,计算得出支架的疲劳寿命依然为持久极限,可见改变 A 型联轴器的刚度对支架应力和寿命影响不大。

表 4.11　A 型联轴器改变前后的刚度

	横向 Y 刚度 /($\times 10^6$ N·m^{-1})	垂向 Z 刚度 /($\times 10^6$ N·m^{-1})	轴向 R_X 刚度 /($\times 10^6$ N·rad^{-1})
原刚度 K_0	1.8	1.8	0.064
现刚度 $5K_0$	9	9	0.32

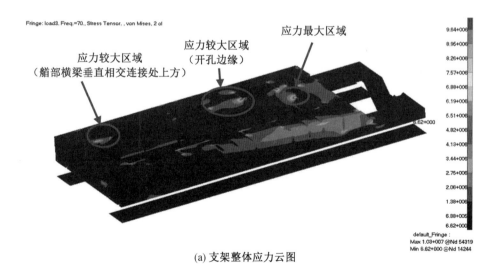

(a) 支架整体应力云图

图 4.16　改变 A 型联轴器刚度后的应力云图

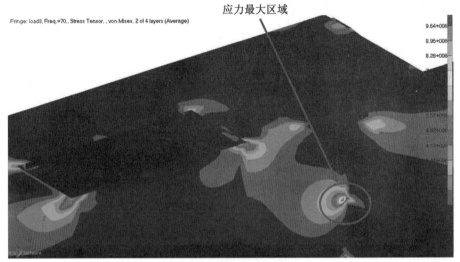

(b) 支架局部应力云图

续图 4.16

4.5 本章小结

本章首先基于功率谱密度法和疲劳寿命分析基本理论对船舶减振支架结构的振动疲劳寿命进行了初步分析,然后改变支架结构的不同参数,如关键部位的网格细化和支架的材料特性,从而分析其对支架振动疲劳寿命的影响。接下来对支架的焊接残余应力进行了实验测试,并使用振动时效法释放掉部分初始焊接残余应力,通过改变支架材料 $S-N$ 曲线的方法研究了焊接残余应力对减振支架振动疲劳寿命的影响。最后分别改变连接齿轮箱与支架的 B 型减振器刚度和连接柴油机与齿轮箱的 A 型联轴器刚度,从而研究了刚度的改变对支架振动疲劳寿命的影响。本章主要结论如下:

(1)对船舶减振支架结构进行初步振动疲劳分析时所得寿命为 10^{20} s,为持久极限,即支架不会发生破坏。

(2)对关键部位网格细化后的支架进行材料为 10Cr 的振动响应分析,所得最大应力位置略往板连接处移动了 8 mm,并且最大应力由 7.58 MPa 增加到了 9.84 MPa,说明关键部位的网格细化对最大应力是有影响的,但是影响不大。分别从相关材料库中选取了材料 1~材料 5 对支架进行振动疲劳分析,只有材料 5

能达到持久极限,抗疲劳性能较好。5 种疲劳分析结果中,寿命最低区域均在中间梁垂直相交连接处。

(3)经过振动消除后,还留有最大为 453.6 MPa 的焊接残余应力,定量分析了焊接残余应力对船舶减振支架结构振动疲劳寿命的影响,并初步提出了考虑焊接残余应力后船舶减振支架结构的振动疲劳寿命公式。对支架进行材料为 10Cr 含焊接残余应力的振动疲劳分析,得到:随着焊接残余应力的增加,振动疲劳寿命降低较快,焊接残余应力由无增加到 453.6 MPa,支架寿命由持久极限降低到 0.118 a,而且所有情况均在中间梁垂直相交连接处最先发生破坏。

(4)改变连接齿轮箱与支架的 B 型减振器刚度对支架结构的振动疲劳寿命值有很大影响,但改变连接柴油机与齿轮箱的 A 型联轴器刚度对支架振动疲劳寿命影响不大。

第5章 支架结构设计改进方案

5.1 改进方案

为了降低关键部位应力,避免焊接残余应力的不利影响,本章重点对船舶减振支架结构的面板和关键部位结构设计进行改进,分别命名为"支架表面开孔(原始结构)(Ⅰ)"和"支架表面不开孔(改进结构)(Ⅱ)",其中Ⅰ和Ⅱ方案下面又各有4种局部结构设计改进方案,分别命名为Ⅰ-1、Ⅰ-2、Ⅰ-3、Ⅰ-4、Ⅱ-1、Ⅱ-2、Ⅱ-3和Ⅱ-4。结构设计改进方案见表5.1。

表 5.1 结构设计改进方案

局部结构设计改进方案 (中间梁垂直相交连接处, 如图 4.4 中应力最大区域)	支架表面开孔 (原始结构)(Ⅰ)	支架表面不开孔 (改进结构)(Ⅱ)
1.连接处改为圆弧过渡	Ⅰ-1	Ⅱ-1
2.连接处开小孔	Ⅰ-2	Ⅱ-2
3.连接处采用斜板过渡	Ⅰ-3	Ⅱ-3
4.连接处开大孔	Ⅰ-4	Ⅱ-4

5.2 支架表面开孔(原始结构)(Ⅰ)

5.2.1 结构设计方案Ⅰ-1(连接处改为圆弧过渡)

图 5.1 为支架关键部位结构设计改进前后的有限元模型。结构设计方案Ⅰ-1为将2块垂直板架连接处(图5.1(a))改成圆弧曲面钢板过渡(图5.1(b)),圆弧半径为 0.1 m,角度为 90°。2块垂直板连接部位(焊缝)可以调整到圆弧过渡的任一平直部位,这样可以避免在应力集中的部位(2块板垂直相连处)再产生

叠加焊接残余应力更不利的影响。将焊缝转移到非应力集中的部位,从而可以避免产生不利的叠加应力,这样的设计方案有助于提高焊接支架结构的振动疲劳寿命。

下面对结构设计方案Ⅰ-1的支架结构进行振动响应分析,得到最大应力为 6.99 MPa,同时关键部位发生了改变,转移到开口位置,如图 5.1(b)和图 5.2 所示,而应力较大区域位于舱部开孔边缘以及舱部横梁垂直相交连接处上方,约为 5.13 MPa。图 5.2 为结构设计方案Ⅰ-1的应力云图。

由船舶减振支架结构设计方案Ⅰ-1的振动响应分析可得,原关键部位(图 5.1(a))的应力集中大幅降低,最大应力值仅在 2.33 MPa 左右。

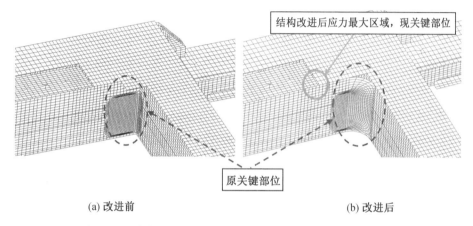

(a) 改进前　　　　　　　　　　　(b) 改进后

图 5.1　对支架进行结构设计方案Ⅰ-1改进前后的有限元模型

为了观察结构设计方案Ⅰ-1对比原支架结构的优越性,分别将结构改进前应力最大点的应力响应与结构设计方案Ⅰ-1应力最大点的应力响应绘制成曲线进行比较。图 5.3 为结构改进前后关键部位最大应力响应,由图可见,结构设计方案Ⅰ-1应力最大点的应力值比结构改进前应力最大点的应力值(即原始方案)在不同程度上有所降低,整体来看是减少了应力响应幅值,有利于增加支架结构的振动疲劳寿命。从计算结果可以看出,结构设计方案Ⅰ-1对关键部位的应力产生了较大影响。

对结构设计方案Ⅰ-1进行材料为 10Cr 的振动疲劳寿命分析。如果不考虑焊接残余应力影响,则计算发现,减振支架的寿命是持久极限。但为了与之前的设计方案进行对比,需要对支架结构进行考虑焊接残余应力影响的振动疲劳分析,焊接残余应力值与表 4.5 一致。表 5.2 为焊接残余应力与振动疲劳寿命之间的关系。

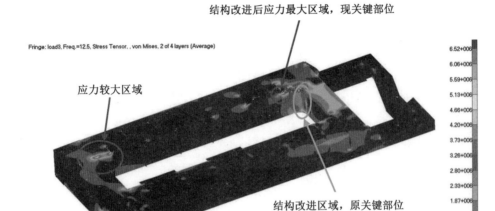

(a) 支架整体应力云图

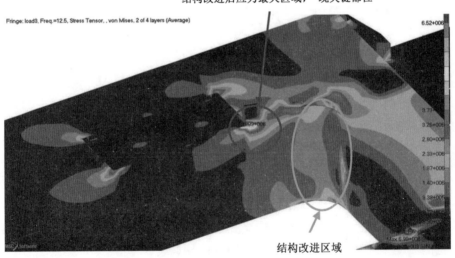

(b) 支架局部应力云图

图 5.2　结构设计方案 Ⅰ-1 的应力云图

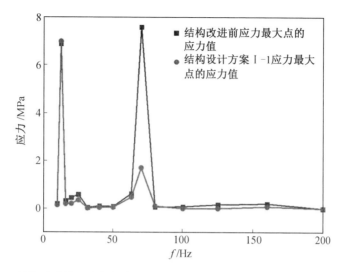

图 5.3　结构改进前后关键部位最大应力响应(原始方案、结构设计方案Ⅰ－1)

表 5.2　焊接残余应力与振动疲劳寿命之间的关系

焊接残余应力/MPa	振动疲劳寿命/a	
	结构设计方案Ⅰ－1	原始方案
100	持久极限	1 842.34
200	持久极限	200.72
300	526.38	14.555
400	20.294	0.68
453.6	2.486	0.118

从表 5.2 可以看出,结构设计方案Ⅰ－1 在考虑了 200 MPa 以内的焊接残余应力时,其振动疲劳寿命仍为持久极限,这与原始方案在考虑了一定焊接残余应力后寿命大幅度降低是不同的。由此可以说明,结构设计方案Ⅰ－1 能改善支架结构的振动疲劳性能,增加其振动疲劳寿命。因为该设计方案有效避免了支架由于集中应力与焊接残余应力相叠加而产生的不利因素,从而提高了支架结构的振动疲劳寿命。当焊接残余应力大于 200 MPa 时,最先破坏的位置与图 4.13(b)位置相同,即支架上表面开孔的应力集中部位。

5.2.2　结构设计方案Ⅰ－2(连接处开小孔)

由 4.3.1 节焊接残余应力的测量可知,原支架应力最大区域附近的焊接残余应力较大,开孔可能降低部分焊接残余应力的影响,但也可能带来新的应力集中。结构设计方案Ⅰ-2为在焊缝部位进行 35 mm×128 mm 的开孔,对支架进行结构设计方案Ⅰ-2改进前后的有限元模型如图5.4所示。

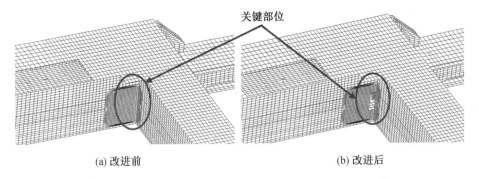

(a) 改进前　　　　　　　　　(b) 改进后

图 5.4　对支架进行结构设计方案Ⅰ-2改进前后的有限元模型

接下来对结构设计方案Ⅰ-2进行振动响应分析和材料为10Cr的振动疲劳分析。计算结果表明:应力最大区域(关键部位)的位置在新开孔的应力集中部位和焊缝附近,为 10.1 MPa,而应力较大区域位于艉部开孔边缘以及艉部横梁垂直相交连接处上方,约为 4.02 MPa。图5.5为结构设计方案Ⅰ-2的应力云图。不考虑焊接残余应力影响的振动疲劳寿命为 650 a,且寿命最低区域为图5.5(b)所示的应力最大区域位置(即新开孔的应力集中部位和焊缝附近)。从结构设计方案Ⅰ-2的振动疲劳寿命计算结果可以看出,较大的应力集中导致了支架结构振动疲劳寿命降低。

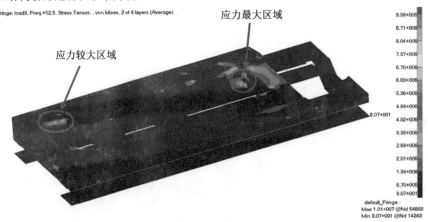

(a) 支架整体应力云图

图 5.5　结构设计方案Ⅰ-2的应力云图

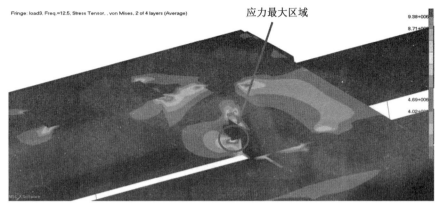

(b) 支架局部应力云图

续图 5.5

5.2.3 结构设计方案 Ⅰ－3(连接处采用斜板过渡)

因为结构设计方案 Ⅰ－1 确实降低了关键部位最大应力值,但是圆弧形状板材不易加工,所以考虑将其改为折弯,再重新进行振动响应分析和材料为 10Cr 的振动疲劳分析。图 5.6 为对支架进行结构设计方案 Ⅰ－3 改进前后的有限元模型,图 5.7 为结构设计方案 Ⅰ－3 的应力云图。由图 5.7 得,最大应力为 9.43 MPa,位于折弯地方,较结构设计方案 Ⅰ－1 的最大应力 7.58 MPa 有所增大,而应力较大区域位于艏部开孔边缘以及艏部横梁垂直相交连接处上方,约为 6.29 MPa。接下来对结构设计方案 Ⅰ－3 的支架整体模型分别进行不考虑和考虑焊接残余应力影响的振动疲劳寿命分析,所用材料均为模拟材料 10Cr。

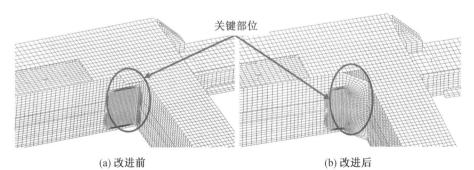

(a) 改进前　　　　　　　　　　(b) 改进后

图 5.6　对支架进行结构设计方案 Ⅰ－3 改进前后的有限元模型

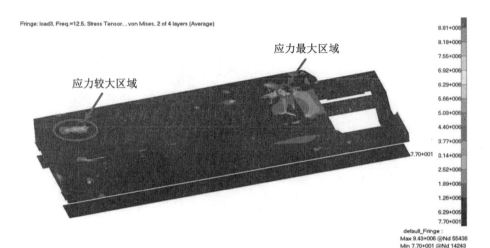

(a) 支架整体应力云图

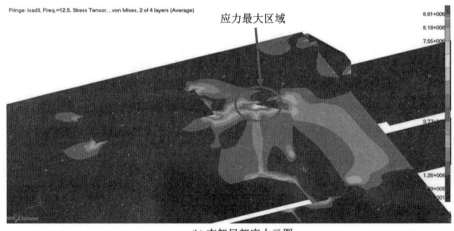

(b) 支架局部应力云图

图 5.7 结构设计方案 I-3 的应力云图

1. 关键部位不考虑焊接残余应力的影响

经过计算分析,不考虑焊接残余应力影响的结构设计方案 I-3 的支架振动疲劳寿命为持久极限。但由于结构设计方案 I-3 关键部位的最大应力比结构设计方案 I-1 大,这就有可能在考虑焊接残余应力后不利于支架结构振动疲劳寿命的增加。

将原始方案、结构设计方案 I-1~I-3 应力最大点的应力响应绘制成曲线图进行比较,如图 5.8 所示。从图 5.8 中可以看出,结构设计方案 I-3 的关键部位应力最大点的应力值较结构设计方案 I-2 低,较结构设计方案 I-1

高,对比结构设计方案Ⅰ-1,将不利于结构的振动疲劳改善和寿命增加。

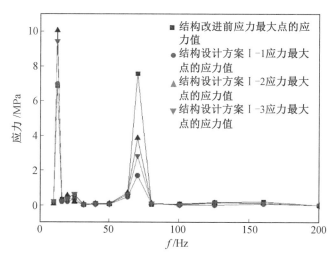

图 5.8 结构改进前后的关键部位最大应力响应
(原始方案、结构设计方案Ⅰ-1~Ⅰ-3)

2. 关键部位考虑焊接残余应力的影响

表 5.3 为结构设计方案Ⅰ-3 关键部位考虑焊接残余应力影响的振动疲劳寿命与原始方案和结构设计方案Ⅰ-1 对比,寿命最低点在图 5.7(b)所示的应力最大区域位置。由表 5.3 可见,结构设计方案Ⅰ-3 对比结构设计方案Ⅰ-1 支架振动疲劳寿命有所降低,但比原始结构疲劳寿命有所增加。所以,如果因为加工复杂不能选择结构设计方案Ⅰ-1,选择结构设计方案Ⅰ-3 同样可以提高支架的振动疲劳寿命。

表 5.3 结构设计方案Ⅰ-3 关键部位考虑焊接残余应力影响的振动疲劳寿命
与原始方案和结构设计方案Ⅰ-1 对比

焊接残余应力/MPa	振动疲劳寿命/a		
	结构设计方案Ⅰ-1	结构设计方案Ⅰ-3	原始方案
100	持久极限	8 720.19	1 842.34
200	持久极限	951.29	200.72
300	526.38	68.176	14.555
400	20.294	2.857	0.68
453.6	2.486	0.434	0.118

5.2.4 结构设计方案Ⅰ－4(连接处开大孔)

由于结构设计方案Ⅰ－2不仅没有降低关键部位的应力,反而还缩短了支架寿命,所以考虑将35 mm×128 mm的小孔变为195 mm×362 mm的大孔,对支架进行结构设计方案Ⅰ－4改进前后的有限元模型如图5.9所示。

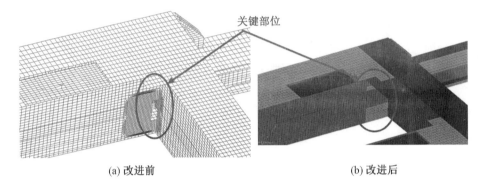

(a) 改进前　　　　　　　　　　(b) 改进后

图5.9　对支架进行结构设计方案Ⅰ－4改进前后的有限元模型

然后对结构设计方案Ⅰ－4进行振动响应分析和材料为10Cr的振动疲劳分析。图5.10为结构设计方案Ⅰ－4的应力云图。计算结果表明:应力最大区域(即关键部位)在支架上方开孔的应力集中位置,最大应力为29.1 MPa,而应力较大区域位于新开孔的应力集中部位和焊缝附近,约为23.2 MPa,应力仅次于应力最大区域。关键部位寿命降为22.45 a,且寿命最低点为如图5.10(b)所示的应力较大区域位置。可见,虽然开孔能够降低部分焊接残余应力,但是却提高了应力集中,并不能很好地改善结构。

图5.11为结构改进前后的关键部位最大应力响应。从该图中可以看出,结构设计方案Ⅰ－4应力最大点的应力值在这4种结构设计方案以及原始方案中是最大的。

经过计算分析,不考虑焊接残余应力影响的结构设计方案Ⅰ－4的振动疲劳寿命为22.45 a,在所有设计方案中寿命是最短的,这主要是因为结构设计方案Ⅰ－4应力最大点的应力值在所有设计方案中是最大的。由此可见,开大孔并不能提高船舶减振支架结构的振动疲劳寿命。

第 5 章 支架结构设计改进方案

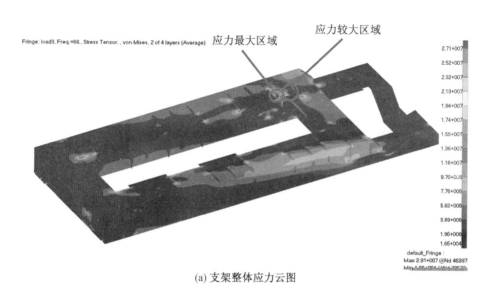

(a) 支架整体应力云图

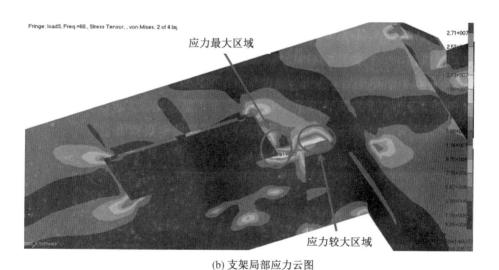

(b) 支架局部应力云图

图 5.10 结构设计方案 I－4 的应力云图

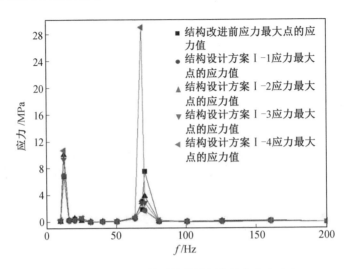

图 5.11 结构改进前后的关键部位最大应力响应
(原始方案、结构设计方案Ⅰ-1～Ⅰ-4)

5.2.5 各结构设计方案比较

为了更清楚地分析和了解支架表面开孔(原始结构)(Ⅰ)各方案的利弊,下面将结构设计方案Ⅰ-1～Ⅰ-4结果(未考虑焊接残余应力)列于表 5.4。

表 5.4 结构设计方案Ⅰ-1～Ⅰ-4结果(未考虑残余应力)

	原始方案	结构设计方案Ⅰ-1	结构设计方案Ⅰ-2	结构设计方案Ⅰ-3	结构设计方案Ⅰ-4
关键部位最大应力/MPa	7.58	6.99	10.1	9.43	29.1
振动疲劳寿命/a	持久极限	持久极限	650	持久极限	22.45

从表 5.4 可以看出,经过不同的结构设计方案改进后,结构设计方案Ⅰ-1 的应力幅值最小,其危险部位已经转移到支架上部缺口处,增加了结构的抗疲劳性,从而延长了结构的振动疲劳寿命,此方案较好。

表 5.5 为考虑焊接残余应力后部分结构设计方案的振动疲劳寿命比较。由于结构设计方案Ⅰ-2 和结构设计方案Ⅰ-4 在未考虑焊接残余应力时的寿命已较低,所以该两种方案的抗疲劳性能不好,以下只选择抗疲劳性能较好的原始方案、结构设计方案Ⅰ-1 和结构设计方案Ⅰ-3 进行比较分析。

从表 5.5 可以看出,在考虑焊接残余应力影响的情况下,结构设计方案Ⅰ-1 的抗振动疲劳性能最好。采用该方案能极大程度上增加支架结构的振动疲劳寿命。

表 5.5 部分结构设计方案的振动疲劳寿命比较(考虑焊接残余应力)

焊接残余应力/MPa	振动疲劳寿命/a		
	原始方案	结构设计方案 I-1	结构设计方案 I-3
100	1 842.34	持久极限	8 720.19
200	200.72	持久极限	951.29
300	14.555	526.38	68.176
400	0.68	20.294	2.857
453.6	0.118	2.486	0.434

5.3 支架表面不开孔(改进结构)(Ⅱ)

本书 5.1 节各结构设计方案在分析过程中应力最大区域和寿命最低区域有时位于支架上表面开孔处,可见此处比较危险。现对支架结构进行改进,使支架表面不开孔,形成改进方案Ⅱ重新进行分析。图 5.12 为改进方案Ⅰ、Ⅱ的有限元模型。

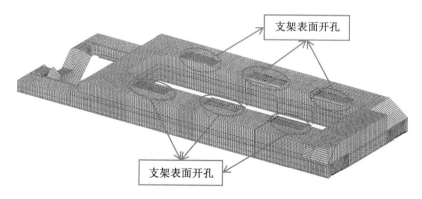

(a) 改进方案 I 的有限元模型（支架表面开孔）

图 5.12 改进方案 I、Ⅱ 的有限元模型

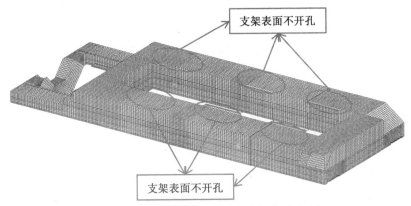

(b) 改进方案Ⅱ的有限元模型（支架表面不开孔）

续图 5.12

5.3.1 振动模态分析

对改进方案Ⅱ的支架整体隔振装置进行振动模态分析。表 5.6 为改进前后支架第 1～6 阶模态固有频率对比，从表中可以看出，改进后模态固有频率比改进前模态固有频率有所增加，但增加的幅度不大，可能使接下来的振动响应分析和振动疲劳分析与之前的结果发生变化。图 5.13 为使用改进方案Ⅱ后第 1～6 阶模态图。

表 5.6 改进前后支架第 1～6 阶模态固有频率对比　　　　　（Hz）

项目	1 阶	2 阶	3 阶	4 阶	5 阶	6 阶
改进前模态固有频率	69.6	84.7	108.8	112.4	121.2	133.7
改进后模态固有频率	71.2	86.1	111.8	114.5	121.4	134.6

5.3.2 振动响应分析

对改进后的支架进行 2 个载荷下的振动响应分析，当频率为 86 Hz 时，应力最大为 8.2 MPa，而且位置发生了变化，位于舷部横梁垂直板连接处上方，而应力较大区域位于右舷肘板附近，约为 6.56 MPa。图 5.14 为改进方案Ⅱ后的应力云图，从图中可以看出，原关键区域的应力较小，可见结构的改变虽然没有降低最大应力的数值（原结构最大应力为 7.58 MPa），但对应力最大区域的位置却影响很大。应力较大区域和应力最大区域同样为疲劳破坏危险区域。

第 5 章 支架结构设计改进方案

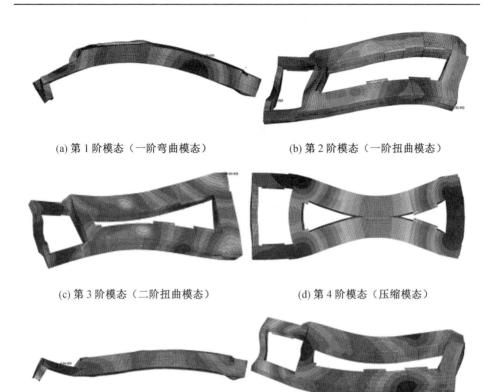

(a) 第 1 阶模态（一阶弯曲模态）　　(b) 第 2 阶模态（一阶扭曲模态）

(c) 第 3 阶模态（二阶扭曲模态）　　(d) 第 4 阶模态（压缩模态）

(e) 第 5 阶模态（二阶弯曲模态）　　(f) 第 6 阶模态（弯扭组合模态）

图 5.13　使用改进方案 II 后第 1~6 阶模态图

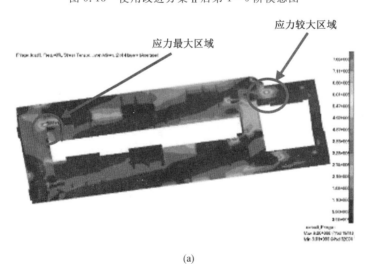

(a)

图 5.14　改进方案 II 后的应力云图

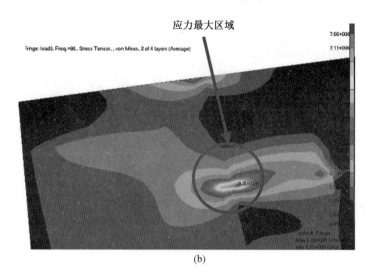

(b)

续图 5.14

5.3.3 振动疲劳分析

使用材料 1~材料 5 以及模拟材料对改进后的支架进行振动疲劳分析，表 5.7 为支架整体改进前后振动疲劳寿命对比，从表中可以得出，除了材料 5 和模拟材料与原结构相同是持久极限外，改进后支架材料 1~材料 4 的振动疲劳寿命对比原结构都有所提高，且改进后支架振动疲劳寿命最低区域均与图 4.4 应力最大区域位置相同，即中间梁右舷垂直相交连接处。

表 5.7 支架整体改进前后振动疲劳寿命对比

项目	材料 1	材料 2	材料 3	材料 4	材料 5	模拟材料
材料名称	RQC100_SN	RQC100_MSN	MANTEN_SN	MANTEN_MSN	SAE2335_217_CON	10Cr
原支架振动疲劳寿命/a	0.105	118.278	0.054	42.491	3.17×10^{12}	3.17×10^{12}
改进后支架振动疲劳寿命/a	0.173	206.748	0.09	74.835	3.17×10^{12}	3.17×10^{12}

因为模拟材料 10Cr 在没有考虑焊接残余应力时是持久极限寿命，所以接下来将引入 100~453.6 MPa 的焊接残余应力重新进行振动疲劳分析，分析得寿命最低区域均与图 4.4 应力最大区域位置相同，即中间梁右舷垂直相交连接处。表 5.8 为考虑焊接残余应力的改进方案Ⅰ、Ⅱ支架振动疲劳寿命对比，由表可得，改进后的支架振动疲劳寿命大大提高。

表 5.8 考虑焊接残余应力的改进方案Ⅰ、Ⅱ支架振动疲劳寿命对比

焊接残余应力/MPa	改进方案Ⅰ振动疲劳寿命/a	改进方案Ⅱ振动疲劳寿命/a
100	1 842.34	3.17×10^{12}
200	200.72	3.17×10^{12}
300	14.555	1 931.126
400	0.68	74.835
453.6	0.118	9.259

5.4 支架改进方案Ⅱ的改进设计

对 5.2 节的结构设计方案Ⅰ-1～Ⅰ-4 进行类似改进方案Ⅱ的整体支架结构调整,重新进行振动响应分析和模拟材料下的振动疲劳分析。即对改进方案Ⅱ同样进行与改进方案Ⅰ相同的改进,分别为结构设计方案Ⅱ-1～Ⅱ-4。

5.4.1 结构设计方案Ⅱ-1(连接处改为圆弧过渡)

图 5.15 为结构设计方案Ⅱ-1 的部分有限元模型,图 5.16 为结构设计方案Ⅱ-1 的应力云图,表 5.9 为结构设计方案Ⅰ-1 和Ⅱ-1 振动疲劳寿命对比。当频率为 70 Hz 时,支架应力最大,为 11.6 MPa,位于左舷肘板连接处,而应力较大区域位于中间梁左舷垂直相交连接处,应力约为 7.47 MPa。应力最大区域和应力较大区域如图 5.16 所示。

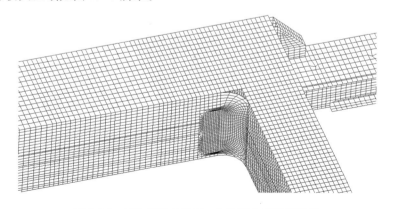

图 5.15 结构设计方案Ⅱ-1 的部分有限元模型

经过振动疲劳寿命计算,当焊接残余应力增加到大于 400 MPa 时,寿命最短的部位在图 5.16 所示的应力较大区域。由表 5.9 可知,结构设计方案 Ⅱ-1 对比结构设计方案 Ⅰ-1,疲劳寿命有很大提高,即使在 300 MPa 的焊接残余应力下,疲劳寿命依旧是持久极限。但当焊接残余应力继续增大到 400 MPa 以上时,疲劳寿命大幅度降低,不再是持久极限,由此可见结构设计方案 Ⅱ-1 比较好。

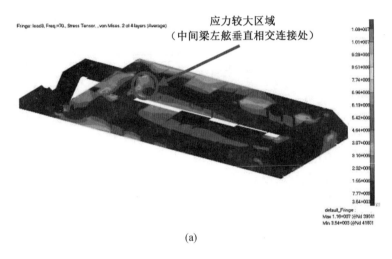

(a)

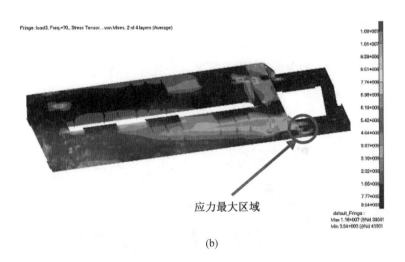

(b)

图 5.16 结构设计方案 Ⅱ-1 的应力云图

表 5.9　结构设计方案Ⅰ-1 和Ⅱ-1 振动疲劳寿命对比

焊接残余应力/MPa	结构设计方案Ⅰ-1 支架振动疲劳寿命/a	结构设计方案Ⅱ-1 支架振动疲劳寿命/a
0	持久极限	持久极限
100	持久极限	持久极限
200	持久极限	持久极限
300	526.38	持久极限
400	20.294	469.3
453.6	2.486	56.44

5.4.2　结构设计方案Ⅱ-2(连接处开小孔)

图 5.17 为结构设计方案Ⅱ-2 的部分有限元模型,图 5.18 为结构设计方案Ⅱ-2 的应力云图。由图 5.18 可知,当频率为 114 Hz 时,支架应力最大,为 11 MPa,位于艉部横梁垂直板连接处下方,而应力较大区域位于中间横梁垂直板连接处下方,应力约为 8.08 MPa。在没有焊接残余应力的影响下,结构设计方案Ⅱ-2 对比结构设计方案Ⅰ-2,振动疲劳寿命有很大提高,由之前的 650 a 提高到 3 710 a,且疲劳寿命最短位置与结构设计方案Ⅰ-2 相同,在图 5.5(b)所示的应力最大区域位置,即开小孔部位的应力集中部位。

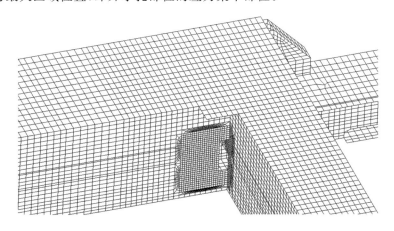

图 5.17　结构设计方案Ⅱ-2 的部分有限元模型

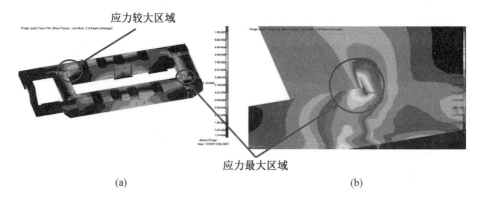

图 5.18　结构设计方案Ⅱ－2 的应力云图

5.4.3　结构设计方案Ⅱ－3(连接处采用斜板过渡)

图 5.19 为结构设计方案Ⅱ－3 的部分有限元模型,图 5.20 为结构设计方案Ⅱ－3 的应力云图,表 5.10 为结构设计方案Ⅰ－3 和结构设计方案Ⅱ－3 振动疲劳寿命对比。由图 5.20 可知,当频率为 10 Hz 时,支架应力最大,为 14.3 MPa,比结构设计方案Ⅰ－3 最大应力 9.43 MPa 大 4.87 MPa,可能对振动疲劳寿命产生不利影响。如图 5.20 所示,应力最大区域位于中间横梁左舷的垂直板连接处,而应力较大区域则位于中间横梁右舷的垂直板连接处上方,应力约为 5.74 MPa。在没有焊接残余应力的影响下,结构设计方案Ⅱ－3 对比结构设计方案Ⅰ－3,振动疲劳寿命有所下降,由之前的持久极限降低到 16 362 a,并且疲劳寿命最低位置与结构设计方案Ⅰ－3 的应力最大区域位置相同,即图 5.7(b)所

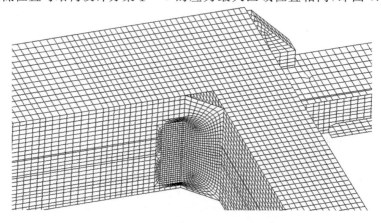

图 5.19　结构设计方案Ⅱ－3 的部分有限元模型

示的连接板折弯处。由表 5.10 可知,在相同的焊接残余应力下,结构设计方案Ⅱ-3 对比结构设计方案Ⅰ-3,振动疲劳寿命下降了很多。

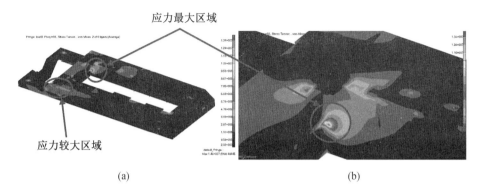

图 5.20　结构设计方案Ⅱ-3 的应力云图

表 5.10　结构设计方案Ⅰ-3 和Ⅱ-3 振动疲劳寿命对比

焊接残余应力/MPa	结构设计方案Ⅰ-3 支架振动疲劳寿命/a	结构设计方案Ⅱ-3 支架振动疲劳寿命/a
0	持久极限	16 362
100	8 720.19	2 508.24
200	951.29	273.02
300	68.176	19.82
400	2.857	0.93
453.6	0.434	0.162

5.4.4　结构设计方案Ⅱ-4(连接处开大孔)

图 5.21 为结构设计方案Ⅱ-4 的部分有限元模型,图 5.22 为结构设计方案Ⅱ-4 的应力云图。由图 5.22 可知,当频率为 84 Hz 时,支架应力最大,为 13.2 MPa,位于新开孔下方应力集中位置,而应力较大区域位于舱部垂直板连接处上方,约为 9.72 MPa。在没有焊接残余应力的影响下,结构设计方案Ⅱ-4 对比结构设计方案Ⅰ-4,振动疲劳寿命有很大提高,由之前的 22.45 a 提高到 6 310 a,且振动疲劳寿命最短位置与结构设计方案Ⅰ-4 相同,如图 5.10(b)所示的应力较大区域位置,即新开孔上方应力集中位置,可见开孔破坏了支架的整体性和连续性。

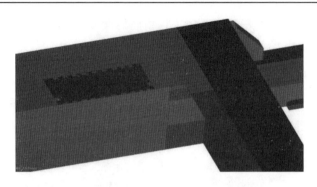

图 5.21　结构设计方案Ⅱ－4 的部分有限元模型

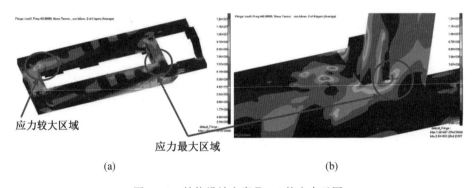

(a)　　　　　　　　　　　　　　　(b)

图 5.22　结构设计方案Ⅱ－4 的应力云图

5.4.5　各结构设计方案比较

表 5.11 为未考虑焊接残余应力的结构设计方案振动疲劳寿命结果。由表 5.11 可知:改进方案Ⅱ的振动疲劳寿命总体要比改进方案Ⅰ要高。在实际结构中,建议采用改进方案Ⅱ。

表 5.11　结构设计方案振动疲劳寿命结果(未考虑焊接残余应力)　　(a)

结构设计方案	振动疲劳寿命	结构设计方案	振动疲劳寿命
Ⅰ	持久极限	Ⅱ	持久极限
Ⅰ－1	持久极限	Ⅱ－1	持久极限
Ⅰ－2	650	Ⅱ－2	3 710
Ⅰ－3	持久极限	Ⅱ－3	16 362
Ⅰ－4	22.45	Ⅱ－4	6 310

表 5.12 为考虑焊接残余应力后部分结构设计方案振动疲劳寿命结果。由表 5.12 可知,结构设计方案Ⅱ－1 对比其他结构设计方案有很大的优越性,支架结构即使在 300 MPa 的焊接残余应力下都不会发生破坏。

表 5.12 部分结构设计方案振动疲劳寿命结果(考虑焊接残余应力)

焊接残余应力/MPa	各结构设计方案振动疲劳寿命/a					
	Ⅰ	Ⅱ	Ⅰ－1	Ⅰ－3	Ⅱ－1	Ⅱ－3
100	1 842.34	持久极限	持久极限	8 720.19	持久极限	2 508.24
200	200.72	持久极限	持久极限	951.29	持久极限	273.02
300	14.555	1 931.126	526.38	68.176	持久极限	19.82
400	0.68	74.835	20.294	2.857	469.3	0.93
453.6	0.118	9.259	2.486	0.434	56.44	0.162

综合以上各结构设计方案的计算结果,支架表面不开孔(Ⅱ－1),即两垂直相交板焊接部位采用圆弧过渡的结构设计有利于减振支架振动疲劳寿命的提高。

5.5　本章小结

本章对船舶减振支架结构的关键部位进行了 9 种局部改进方案设计,分别命名为Ⅰ－1、Ⅰ－2、Ⅰ－3、Ⅰ－4、Ⅱ、Ⅱ－1、Ⅱ－2、Ⅱ－3 和Ⅱ－4,并对它们进行了振动响应分析和振动疲劳分析,对个别方案进行了含焊接残余应力的支架振动疲劳寿命计算,由分析和计算的结果可以看出:

(1)在减振支架结构设计方案Ⅰ－1、Ⅰ－2、Ⅰ－3、Ⅰ－4 中,无论是否考虑焊接残余应力的影响,结构设计方案Ⅰ－1 的最大应力最小,抗振动疲劳特性最好,且其危险部位转移到了支架上部缺口处。

(2)减振支架结构设计改进方案Ⅱ对比支架结构设计方案Ⅰ的区别为:支架上表面不开孔,其应力最大值为 8.2 MPa,出现在频率为 86 Hz 时,而且位置发生了变化,位于舯部横梁垂直板连接处。在考虑焊接残余应力的影响下,支架结构设计改进方案Ⅱ比支架结构设计方案Ⅰ的振动疲劳寿命有了很大提高。

(3)在减振支架结构设计方案Ⅱ-1、Ⅱ-2、Ⅱ-3和Ⅱ-4中,虽然结构设计方案Ⅱ-1的最大应力不是最小的,但是无论是否考虑焊接残余应力的影响,其抗振动疲劳特性都是最好。

(4)减振支架结构设计方案Ⅱ-1对比其他所有的结构设计方案均有很大的优越性,支架结构即使在300 MPa的焊接残余应力下都不会发生破坏。

第 6 章　总结与展望

6.1　本书主要工作及相关结论

本书以船舶减振支架结构为研究对象,基于功率谱密度法和疲劳寿命分析基本理论,采用数值模拟的方法对船上用来支承柴油机和齿轮箱的焊接支架结构进行了振动疲劳分析,讨论了支架结构几何参数、材料参数和焊接残余应力等对振动疲劳寿命的影响,同时对船舶减振支架结构的关键部位进行了改进,并初步提出了考虑焊接残余应力影响后船舶减振支架结构的振动疲劳寿命公式。本书的主要研究工作如下:

(1) 对船舶减振支架结构、支架上部设备柴油机和齿轮箱、基座、减振器进行有限元建模。施加固定约束,对支架整体隔振装置进行振动模态分析,并通过模拟的实验激励载荷对支架整体结构进行振动响应分析,得到应力较大区域和疲劳易破坏位置。

(2) 对船舶减振支架结构进行振动疲劳寿命分析,研究支架结构的不同参数对其振动疲劳寿命的影响。对支架的焊接残余应力进行实验测试,通过改变支架材料 $S-N$ 曲线的方法研究焊接残余应力对减振支架振动疲劳寿命的影响。分别改变连接齿轮箱与支架的减振器刚度以及连接齿轮箱和柴油机的联轴器刚度,研究刚度的改变对支架振动疲劳寿命的影响。

(3)对船舶减振支架结构的关键部位进行了9种方案改进设计,并对其进行振动响应分析和振动疲劳分析。

通过以上研究工作,本书相关结论如下:

(1)用所模拟的实验激励载荷对支架进行数值分析是可行的,同时激励载荷的频率避开了支架的固有频率,防止了支架在激励载荷作用下发生共振。支架结构应力较大区域位于支架表面开孔的局部位置和肘板的应力集中位置,应力最大区域位于纵向、横向板架与加强板连接处附近。

(2)支架结构寿命最低区域在应力最大区域处,即纵向、横向板架与加强板连接处附近。材料特性、焊接残余应力以及连接齿轮箱与支架的减振器刚度对支架结构的振动疲劳寿命有较大影响,而连接齿轮箱和柴油机的联轴器刚度对支架振动疲劳寿命影响不大。并初步提出了考虑焊接残余应力影响后船舶减振支架结构的振动疲劳寿命公式。

(3)将关键部位的板架连接处改成圆弧曲面钢板过渡,同时支架表面不开孔的设计改进方案在一定程度上降低了关键部位的应力响应幅值,有助于提高支架结构的振动疲劳寿命。

6.2 研究展望

振动是多数工程结构服役过程中必须承受的载荷,很多情况下容易被人忽略,但由此造成的失效或事故却很多。船舶减振支架是一种具有优良减振性能的隔振装置,使用减振器将柴油机和齿轮箱等会发生振动行为的设备固定在减振支架上,能够有效防止设备在使用过程中因振动而对船体造成损伤。一直以来,国内外工程师与学者对船舶减振支架减振性能的研究颇为重视,但是对船舶减振支架疲劳耐久性能,尤其是振动疲劳分析的研究却相对缺乏。在这种背景下,本书对某船舶减振支架结构进行振动疲劳分析。但由于笔者研究条件和理论实践水平的限制,本书虽然取得了一定成果,但同时尚有部分问题需要探索和研究,主要表现在对船舶减振支架结构进行改进时,只对原支架的应力最大区域进行了改进结构设计,而实际上,应力最大区域为对称结构。所以,后续需要同时对其对称部分进行结构改进,以观察其对支架振动疲劳寿命的影响。

参 考 文 献

[1] 刘文光. 结构共振疲劳试验及裂纹构件的振动疲劳耦合分析[D]. 南京：南京航空航天大学，2010.

[2] 张坤，薛璞，胡海涛，等. 含高频的载荷下飞机薄壁结构振动疲劳寿命分析[J]. 机械科学与技术，2012，31(4)：639-642，647.

[3] 格尔内 T R. 焊接结构的疲劳[M]. 周殿群，译. 北京：机械工业出版社，1988.

[4] MINER M A. Cumulative damage in fatigue [J]. Journal of applied mechanics，1945，12(3)：A159-A164.

[5] PARIS P C, ERDOGAN F. A critical analysis of crack propagation laws [J]. Journal of fluids engineering, 1963, 85(4)：528-533.

[6] FOONG C H, WIERCIGROCH M, PAVLOVSKAIA E, et al. Nonlinear vibration caused by fatigue[J]. Journal of sound and vibration，2007，303(1/2)：58-77.

[7] WOZNEY G P. Resonant-vibration fatigue testing [J]. Experimental mechanics，1962，2：1-8.

[8] HARRIS C M, CREDE C E, UNBOLTZ K. Vibration testing machines [J]. Shock and vibration handbook，1961，25(2)：66-69.

[9] RYBALOV N E, GUL V E. Investigation of the dynamic fatigue of composite polymer materials[J]. Polymer mechanics，1965，1(5)：58-61.

[10] MARLOFF R H. Resonant fatigue testing of riveted joints[J]. Experimental mechanics，1980，20(2)：37-43.

[11] AYKAN M, ÇELIK M. Vibration fatigue analysis and multi-axial effect in testing of aerospace structures[J]. Mechanical systems and signal processing，2009，23(3)：897-907.

[12] DAMIR A N, ELKHATIB A, NASSEF G. Prediction of fatigue life using modal analysis for grey and ductile cast iron[J]. International

journal of fatigue, 2007, 29(3): 499-507.

[13] 乔世平. 振动疲劳试验机的油压驱动装置[J]. 工程与试验, 1973(2): 50-52.

[14] 曾广忠. 柴油机增压器导风轮叶片振动疲劳断裂分析[J]. 机械工程材料, 1979(6): 52-59.

[15] 李荫松, 李自力, 沈乐棣, 等. 多次冲击载荷下粉末冶金热锻钢的振动疲劳裂纹萌生、扩展与断裂[J]. 西安交通大学学报, 1981, 15(3): 83-92.

[16] 何泽夏. 振动与疲劳[J]. 火箭推进, 1994, 20(3): 14-20.

[17] 李春林. 船体结构钢焊接节点振动疲劳强度评价[J]. 船舶工程, 1998(1): 50-52.

[18] 康继东, 陈士煊, 徐志怀. 压气机叶片受外物损伤的剩余振动疲劳寿命[J]. 航空动力学报, 1998, 13(3): 330-332.

[19] 孙刚, 陈学明, 马国佳, 等. 基体温度对 TC11 钛合金 EB-PVD 修复层组织及振动疲劳寿命的影响[J]. 中国表面工程, 2015, 28(2): 59-64.

[20] PALMIERI M, ČESNIK M, SLAVIČ J, et al. Non-gaussianity and non-stationarity in vibration fatigue[J]. International journal of fatigue, 2017, 97: 9-19.

[21] FAN Z W, JIANG Y, ZHANG S F, et al. Experimental research on vibration fatigue of CFRP and its influence factors based on vibration testing[J]. Shock and vibration, 2017, 2017(1): 1241623.

[22] 曹明红, 葛森, 齐丕骞. 随机振动疲劳频域分析方法的对比研究[J]. 结构强度研究, 2008(4): 14-18.

[23] SPOTTSWOOD S M, WOLFE H F. Comparing fatigue life estimates using experimental and spectral density based probability distributions [J]. Journal of aircraft, 2002, 39(3): 493-498.

[24] DENTSORAS A J, KOUVARITAKIS E P. Effects of vibration frequency on fatigue crack propagation of a polymer at resonance[J]. Engineering fracture mechanics, 1995, 50(4): 467-473.

[25] HALFPENNY A. A frequency domain approach for fatigue life estimation from finite element analysis[J]. Key engineering materials, 1999, 167/

168:401-410.

[26] DIETZ S, NETTER H, SACHAU D. Fatigue life prediction of a railway bogie under dynamic loads through simulation[J]. Vehicle system dynamics, 1998, 29(6):385-402.

[27] DIETZ S, KNOTHE K, KORTM W. Fatigue life simulations applied to railway bogies[J]. The 4th international conference on railway bogies and running gears, 1998.

[28] BISHOP N. Vibration fatigue analysis in the finite element environment [C]. Spain: ⅩⅥ Encuentro Del Grupo Español de Fractura, 1999.

[29] 张积亭, 周苏枫. 飞机典型构件振动疲劳寿命分析[J]. 机械科学与技术, 2002, 21(S1):3, 16.

[30] HANNA Z A. Vibration fatigue assessment finite element analysis and test correlation[D]. Windsor: University of Windsor, 2005.

[31] 龙梁, 胡爱华, 范子杰. 基于有限元仿真的特种越野车结构疲劳寿命预测[J]. 计算机仿真, 2006, 23(12):253-256.

[32] 周敏亮, 陈忠明. 飞机结构的随机振动疲劳分析方法[J]. 飞机设计, 2008, 28(2):46-49.

[33] 王明珠, 姚卫星, 孙伟. 结构随机振动疲劳寿命估算的样本法[J]. 中国机械工程, 2008, 19(8):972-975.

[34] AYKAN M, ÇELIK M. Vibration fatigue analysis and multi-axial effect in testing of aerospace structures[J]. Mechanical systems and signal processing, 2009, 23(3):897-907.

[35] 孟彩茹, 卢博友. 基于PSD的随机载荷下振动疲劳寿命估算[J]. 机械设计, 2009, 26(5):73-75.

[36] YU D, AL-YAFAWI A, NGUYEN T T, et al. High-cycle fatigue life prediction for Pb-free BGA under random vibration loading[J]. Microelectronics reliability, 2011, 51(3):649-656.

[37] 王鹏利, 郭瑞峰, 袁文康. 基于数值模拟载荷谱的车辆前桥随机振动疲劳寿命分析[J]. 工程机械, 2013, 44(10):39-42.

[38] HAN S H, AN D G, KWAK S J, et al. Vibration fatigue analysis for multi-point spot-welded joints based on frequency response changes due to

fatigue damage accumulation[J]. International journal of fatigue, 2013, 48: 170-177.

[39] 罗建召, 唐伟. 机载雷达结构随机振动疲劳破坏技术研究[J]. 电子机械工程, 2013, 29(6): 23-26.

[40] MRŠNIK M, SLAVIČ J, BOLTEŽAR M. Frequency-domain methods for a vibration-fatigue-life estimation — application to real data [J]. International journal of fatigue, 2013, 47: 8-17.

[41] 黄义科, 潘亦苏. 基于频域的多轴随机振动疲劳寿命预测[J]. 重庆理工大学学报(自然科学), 2015, 29(6): 46-49.

[42] 叶能永, 程明, 张士宏, 等. 残余应力和粗糙度对叶片振动疲劳性能的影响[J]. 材料科学与工艺, 2015, 23(5): 1-5.

[43] 杨中梁. 卫星的随机振动疲劳寿命预测方法研究[D]. 长春:吉林大学, 2017.

[44] 蒋典兵. 高速列车座椅的设计与随机振动疲劳分析[D]. 青岛:青岛科技大学, 2017.

[45] 张航. 跨座式单轨车体结构振动疲劳研究[D]. 成都:西南交通大学, 2017.

[46] HAN C S, MA Y L, QU X Q, et al. An analytical solution for predicting the vibration-fatigue-life in bimodal random processes[J]. Shock and vibration, 2017, 2017: 1010726.

[47] 李鹏, 马君峰, 王纯, 等. 基于振动疲劳损伤分析的飞机壁板结构加筋参数优选[J]. 应用力学学报, 2017, 34(4): 691-697.

[48] 王国军. Msc. Fatigue 疲劳分析实例指导教程[M]. 北京:机械工业出版社, 2009.

[49] 李亚江, 王娟, 刘鹏. 低合金钢焊接及工程应用[M]. 北京:化学工业出版社, 2003.

[50] 关健. 载荷波动对滚动轴承疲劳寿命影响的研究[D]. 哈尔滨:哈尔滨工业大学, 2014.

[51] 王锦丽, 李玉龙, 胡海涛, 等. 加载频率对悬臂梁振动疲劳特性的影响[J]. 振动与冲击, 2011, 30(6): 243-247.

[52] MCCLUNG R C. A literature survey on the stability and significance of

residual stresses during fatigue[J]. Fatigue & fracture of engineering materials & structures, 2007, 30(3): 173-205.

[53] 徐灏. 疲劳强度[M]. 北京:高等教育出版社,1988.

[54] MCDIARMID D L. Cumulative damage effects in high cycle multiaxial fatigue [M]//Fracture of Engineering Materials and Structures. Dordrecht: Springer Netherlands, 1991: 537-542.

[55] 霍鹏飞. 直线振动筛的疲劳寿命分析[D]. 太原:太原理工大学,2010.

[56] 肖东涛. 基于热点应力法的全焊桁片焊接细节疲劳性能研究[D]. 成都:西南交通大学,2016.

[57] RADAJ D, SONSINO C M, FRICKE W. Recent developments in local concepts of fatigue assessment of welded joints[J]. International journal of fatigue, 2009, 31(1): 2-11.

[58] 张毅,黄小平,崔维成,等. 对接接头焊趾应力集中有限元分析[J]. 船舶力学, 2004, 8(5): 91-99.

[59] NIEMI E, FRICKE W, MADDOX S J. Fatigue analysis of welded components: designer's guide to the structural hot-spot stress approach[M]. Boca Raton: CRC Press, 2006.

[60] 范文学. 焊接接头振动疲劳的数值模拟[D]. 呼和浩特:内蒙古工业大学,2014.

[61] 姚卫星. 结构疲劳寿命分析[M]. 北京:国防工业出版社,2003.

[62] 王春生. 铆接钢桥剩余寿命与使用安全评估[M]. 上海:同济大学出版社,2007.

[63] 左文巧. 抓斗卸船机钢结构应力谱统计及疲劳寿命评估[D]. 上海:上海交通大学,2011.

[64] 顾超林. 加筋板连接件的振动疲劳研究[D]. 南京:南京航空航天大学,2009.

[65] 唐文献,赵海洋,孟淼,等. 基于谱分析法的桩腿疲劳寿命研究[J]. 江苏科技大学学报(自然科学版),2016,30(5):445-449.

[66] 肖建清. 循环荷载作用下岩石疲劳特性的理论与实验研究[D]. 长沙:中南大学,2009.

[67] 周传月,郑红霞,罗慧强,等. MSC.Fatigue疲劳分析应用与实例[M]. 北

京:科学出版社,2005.
[68] 袁毅. 基于应力功率谱的结构振动疲劳寿命预测方法研究[D]. 长沙:湖南大学,2014.
[69] 王超. 基于有限元的铁路车载变流器柜强度与疲劳寿命分析[D]. 长沙:中南大学,2007.
[70] TURAN D. Application of computers in fatigue analysis[D]. Coventry, West Midlands, UK: University of Warwick, 1985.
[71] 王国治,仇远旺,胡玉超. 激励载荷的模拟与舰船机械噪声预报[J]. 江苏科技大学学报(自然科学版),2011,25(4):315-319.